# de ti, a ti

Tony Cardona

a mi familia en Honduras: no solo tocaron mi corazón,
ahora forman parte de él <3

## nota para quienes leen

hola. gracias por elegir este libro. ya sea que lo hallaras por casualidad o vinieras buscándolo, me alegra que estés aquí. *de ti, para ti* es un conjunto de palabras que nunca me atreví (o nunca hallé el momento) a decir en voz alta. está dividido en cinco partes:

amor,
heridas,
pérdida,
sanación,
y al final, tú.

algunos de estos textos son suaves. algunos son desordenados. algunos están cosidos entre desamor y sanación. los escribí como cartas que ojalá hubiera podido enviar, pero tal vez siempre estuvieron destinados a alguien como tú.

antes de sumergirte, quiero darte un aviso con suavidad: este libro contiene temas de depresión, suicidio, duelo, violencia doméstica y abuso físico y emocional. nada está escrito con la intención de impactar, ya que todo nace de experiencia vivida, y he hecho lo posible por tratar cada tema con cuidado. si no estás en un espacio donde te sientas seguro al leer ciertas cosas, por favor escúchate primero. sáltate una página. cierra el libro. vuelve cuando estés listo. o no lo hagas. también está bien. y si alguna vez necesitas hablar con alguien, incluí una lista de recursos al final del libro, por si acaso.

estos poemas comenzaron con lo que vino de otros —amor, dolor, pérdida— pero al final, regresan como algo que por fin puedo ofrecerte a ti.

sobre todo, este es un lugar de honestidad. y deseo que, de alguna manera, te ayude a sentirte menos solo.

gracias por leer.
de corazón.
– tony

# contenido

a mi primer amor

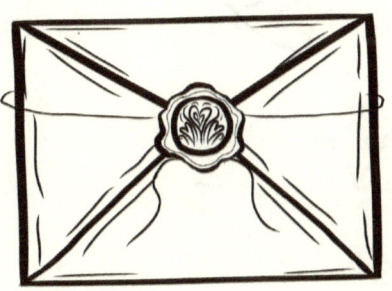

i.

tantas veces, el mundo retumba con demasiado ruido
sobre todo en los instantes
cuando solo anhelo el sonido del silencio

a mi alrededor siempre bulle una mezcla caótica de ruidos:
los choferes impacientes pitando sin pirar
sirenas que se desvanecen y regresan en la distancia
perros compitiendo en un juego de '*¿quién ladra más fuerte?*'
charlas desordenadas sobre el desayuno
y murmullos que se mezclan con los titulares matutinos

y entonces—
*tu* entras en mi horizonte

nuestros ojos tienden un puente en ese instante,
el silencio arropa todo el ruido,
y el estruendo del mundo se retira hasta desaparecer

los pitos se transforman en un silencio
más denso que el sonido mismo
las sirenas se disuelven en la quietud entre un latido y otro
los ladridos se vuelven suspiros
que se hunden en nuestros huesos
y los murmullos se transforman en instantes
que sueñan el mundo hasta borrarlo

mientras los segundos se estiran y se suavizan,
el sol convence a la tierra de quedarse inmóvil
solo para nosotros,
para que hasta el día descubra cómo se dibuja el amor

por demasiado tiempo me rodeó gente
que envenenó mi salud mental

mis sentimientos siempre eran desestimados,
siempre me señalaban las fallas
cargué su felicidad como si fuera una losa sobre mí
y tuve la sensación de no alcanzar nunca a ser suficiente

pero contigo,
mi salud mental se ha disparado hacia el cielo
escuchas sin juzgar,
me haces sentir *escuchado*
dejas que mi creatividad fluya
y te convertiste en la voz que mi silencio necesitaba

podría enumerar mil cosas sobre ti,
pero la que más paz me regala
es algo muy sencillo:

eres lo que mi salud mental siempre había pedido

fui una concha quebrada,
erosionada por las tormentas que me rodeaban

tú fuiste el mar que me pulió
hasta hacerme brillar como un tesoro escondido

me enseñaste el arte de amarme,
y eso me ha permitido amarte aún más

¿qué me llevó a enamorarme de ti? pues...

cuando empezamos a trabajar juntos
en aquel parque de diversiones,
jamás pensé que las montañas rusas a nuestro alrededor
no eran las que me regalaban la verdadera emoción de mi vida.
nuestros caminos se cruzaban en coincidencias
que nunca fueron casualidad
hasta que al fin se unieron
para formar un solo y hermoso sendero.
cuando noté que estaba cayendo,
ya había caído rendido a tu amor.

me enamoré del destello de tus ojos bajo el sol,
dos planetas brillando para iluminar al universo entero.
me enamoré de tu risa que danzaba en mis oídos,
y que siempre lograba que la mía danzara con ella.
me enamoré de la seguridad que encontraba en tus brazos,
el único refugio de paz verdadera en medio del caos.
me enamoré de tu manera de emocionarte
con las cosas más simples,
porque me enseñó a valorar cada rincón de la vida
más que nunca antes.

me transformaste,
de la forma más bella.
cambiaste mi mirada hacia el mundo.
me enseñaste a confiar en mí mismo.
me diste un refugio cada vez que llovía.
regaste las partes de mí que llevaba años sin cuidar.
me transformaste de mi peor versión
en alguien que jamás imaginé llegar a ser.

la vida es realmente como aquellas montañas rusas
que solíamos recorrer:
a veces se estremece,
es impredecible,
y corre tan rápido que apenas da tiempo de sujetarse.
pero contigo a mi lado,
cada viaje vale la pena,
y cada instante se vuelve inolvidable.

mientras nuestra historia se despliega,
vamos levantando un hogar
donde nuestras almas saben cómo descansar
no con ladrillos,
sino con miradas y recuerdos compartidos

construimos una sala
donde los sofás guardan la memoria de nuestras risas
y las tazas descansan sobre posavasos sin pareja

un baño donde tu rímel deja huellas en el lavamanos
y el espejo guarda retratos de cada día

una habitación encendida por tus luces de hadas
rebosante de sueños que lentamente toman forma

un techo puesto por Dios con Sus propias manos,
firme en invierno,
suave en verano

por muy dura que sea la vida,
siempre hallaremos refugio
cuando el mundo se desate en tormentas,
y una casa que de verdad se sienta como nuestro *hogar*

creí saber lo que era el amor
hasta que llegaste tú,
y me mostraste que guardaba infinitamente más

creía que el amor era esconder notas
en rincones inesperados que siempre terminabas encontrando
o traerte un chai latte helado
porque asegurabas que *sabía a puro otoño*
o cubrir tus hombros con mi chaqueta
antes de que tu voz confesara el frío

aunque estos gestos de amor iluminan,
son apenas estrellas
dentro de la galaxia infinita que es amar

amor es velar contigo toda la noche
para aliviarte en la enfermedad
amor es atravesar contigo tus momentos más oscuros,
aunque intentes alejarme
amor es apoyar tus sueños,
aunque signifique sacrificar los míos

para mí,
nuestro amor se volvió real
en el momento en que tus necesidades
pesaron más que las mías

caer en tu amor nunca estuvo en mis planes,
y jamás pensé
que tantas bendiciones
brotaran del silencio en vez de las respuestas
pero a veces,
las oraciones sin respuesta
son las que nos guían de regreso a casa

¿recuerdas la primera vez que te dije que te amaba?

era la víspera de año nuevo,
y la lluvia caía a nuestro alrededor.
el aire estaba lleno de expectativa,
pero no por el reloj que se acercaba a la medianoche.
cruzamos miradas,
y una corriente silenciosa chispeó entre nosotros,
llevando una emoción nerviosa
a través de un espacio aún no cruzado.
cuando menos lo notamos,
la corriente se estrechó
y nuestros labios se encontraron por primera vez,
un sentir a la vez tierno y eléctrico,
con la lluvia danzando a nuestro alrededor
como si lo celebrara.

parecía que el tiempo había tejido un universo aparte
solo para que pudiéramos saborear aquel instante.
cuando nuestros labios se apartaron,
el aire guardó una sensación que no quería irse,
una promesa muda,
mientras la lluvia seguía danzando a nuestro alrededor,
sellando este recuerdo para la eternidad.
no lo comprendimos en aquel instante,
pero allí comenzó
la más grande historia de amor jamás contada.

tus ojos preciosos son portales
a un mundo que siempre soñé habitar

tu risa encantadora es una melodía
compuesta para que mi alma dance al compás

tu corazón amante es inmenso y generoso,
como un océano infinito que nutre a cada río,
pero jamás se agota

tu bondad sin fin es tierna y vivificante,
como la lluvia mansa que despierta a las flores dormidas

tu alma tierna es firme y resistente,
como una llama que se rehúsa a morir
aunque el viento la envuelva

y todo tu ser es fuego,
no el que arrasa,
sino el que abriga cada rincón de mi alma
eres la llama de una vela que nunca se extingue,
una hoguera en pleno invierno,
un fuego de hogar que abriga y aviva

tú eres tú,
y eso es lo que más amo en ti

nuestra historia de amor es de esas
que la gente convierte en libros

vivimos cada página
como si se escribiera al mismo tiempo que la vivimos
pero nuestro amor no cabe limitado
en letras atrapadas entre dos cubiertas de papel y madera
porque ningún lomo podría sostener el peso
de una tinta que desborda cada página

nuestro amor es más que un relato,
trasciende las palabras y hasta la vida misma

pasé años de rodillas
pidiendo a alguien que supiera tratarme con amor.
suplicando no volver a caer en el ciclo tóxico
que yo mismo había tejido alrededor de mí.
pidiendo hallar al fin la paz en alguien,
y no tormentas a cambio de mi entrega.
me preguntaba por qué Dios cerraba puertas con un *no*,
pero en verdad,
solo Susurraba: *aún no.*

mis oraciones nunca quedaron en silencio.
Dios aguardó hasta que el momento fuera perfecto
para contestarlas.
si Él te hubiera puesto en mi camino antes,
quizás no habríamos estado preparados
para que nuestros senderos se unieran cuando debían.
en cambio,
nos vimos en el instante preciso que el destino marcó,
y la paz al fin nos abrió un lugar a ambos.

pasé años corriendo tras un amor sin cimientos

corrí tras un amor que surgía bajo la luz del día
pero se desvanecía en la noche,
y aún me preguntaba por qué yo nunca brillaba

había un hambre en mí que ninguna palabra lograba saciar,
porque solo tú podías alimentarme

mis relaciones pasadas fracasaron
porque en realidad me estaban guiando hacia ti
no solo permaneciste,
sino que regalaste a mi alma un hogar

me dijeron que el amor sería duro,
pero contigo,
el amor es tan natural como el aire que respiro

antes detestaba las mañanas
y me negaba a cambiar mis rutinas
pero ahora,
pongo mis alarmas con ansias
para no perderme el amanecer a tu lado

es asombroso cómo el amor logra
que lo difícil se sienta natural

no advertí el peso que me hundía
hasta que llegaste a mi vida

me tenía atado un ancla de ansiedad, amargura y rabia,
y aún me preguntaba por qué mi dolor era tan hondo

la primera vez que tu voz pronunció mi nombre,
el peso en mi interior se deshizo

fuiste la corriente que soltó el ancla de mi pecho,
y mi alma al fin volvió a respirar

hay muchas decisiones que la gente toma
que alterarán el curso de sus vidas

el lugar donde habitas
impactará la calidad de tu vida
tus hábitos diarios
impactarán la duración de tu vida
tus decisiones financieras
forjarán la estabilidad de tu vida

antes de que te des cuenta,
la vida que vives
es la que construiste

y sin embargo,
la decisión más importante de *mi* vida,
con quién compartirla,
fue una decisión que nunca tuve que tomar

siempre fuiste tú,
y fue un *sí* desde el principio

cuando vamos a la playa
y oímos a las gaviotas pelear en el aire
con el mar salpicando de fondo,
todo me sabe a hogar

cuando recorremos las ferias
y vemos niños cargando premios más grandes que ellos,
y oímos gritos que mezclan miedo y alegría,
al fin me siento reconocido

cuando nos perdemos en carreteras curvas del campo,
entonando canciones desafinadas
(y olvidando la letra por completo),
todo vuelve a sentirse como hogar

cuando nos detenemos en cafeterías
y respiro el olor a madera y a café recién molido,
con las huellas de conversaciones hondas flotando en el aire,
ya no me siento solo

cuando compartimos picnics en medio del bosque
y gozamos de la belleza pura de la vida,
con el sabor de la lechuga marcado en la lengua
y la vida silvestre latiendo en nuestros oídos,
todo me sabe a hogar

vayamos donde vayamos,
siempre me sentiré en casa
porque para mí,
el hogar es cualquier lugar donde estés tú

para mí, mostrar el amor verdadero
no está en los grandes gestos,
como los sueños que olvidas
en cuanto despiertas

el verdadero amor está en las pequeñas cosas que haces,
pero crees que no noto

como cuando recuerdas con precisión
la medida justa de azúcar en mi café,
o aprietas mi mano suavemente
cuando mis ojos buscan consuelo

está en la forma en que me preguntas cómo estoy
en el instante en que mis párpados se abren cada mañana,
y en cómo escuchas no solo mis palabras,
sino todo el sentido detrás de ellas

el verdadero amor se muestra
cuando tus labios no se mueven
pero aún así dices *te amo*

el sonido de tu risa
es un sonido que quiero compartir contigo
por el resto de mi vida

es tan reconfortante como el *tac-tac-tac*
de la lluvia golpeando una ventana
después de una larga sequía

es tan calmante como el *crac-crac*
de una fogata en medio del verano

es tan relajante como el *fuuuush*
de una brisa en medio de un día caluroso

cada vez que tu risa llega a mis oídos,
vuelvo a sentirme niño,
y mi niño interior ríe contigo,
recuperando años de risas perdidas

estoy cautivado
por la manera en que la vida entera
cambia de tono cuando estoy a tu lado
la alegría brota sin esfuerzo,
los pesos se hacen más ligeros,
y hasta la tristeza deja de sentirse sola

abriste la puerta de mi corazón
y le diste libertad para correr
abriste mis ojos a cosas que no podía ver
y sembraste fe en cosas que no podía creer

eres la brisa
que enseñó a mis pulmones
a respirar de nuevo

caer en tu amor es como caminar hacia un sol
que no arde,
tras haber vivido toda una vida entre sombras

es como el primer sorbo de agua
que me sabe a esperanza
tras años perdido en el desierto

es como dejarse caer en un colchón fresco
que absorbe todo mi dolor
tras semanas enteras sobre una cama de clavos

caer en tu amor es al fin sentirme en *casa*,
en un lugar donde siempre estuve,
pero jamás sentí que era mío

ii.

*de ti, a ti*

pasé demasiado tiempo buscándote en otros lugares

te busqué
en la paciencia de los pétalos
que aguardan el beso del rocío al amanecer

te busqué
en la súplica de la arena que llama a la marea,
aunque solo sea por un instante

te busqué
en los copos de nieve que se dejan sostener por manos tibias,
aunque el precio sea su propia existencia

y en el proceso de buscarte,
ni siquiera noté
que empezaba a perderme a mí mismo

antes,
mi corazón latía desbocado cuando tus dedos rozaban los míos,
rogando en silencio ser entrelazados

saltaba de gozo cada vez que tu nombre brillaba
en la pantalla de mi teléfono

golpeaba con impaciencia al preguntarse si el tuyo latía igual

pero ahora,

permanece callado, sabiendo que lo único
que mis dedos abrazan
es el aire que antes era nuestro

se marchita cada vez que oigo un timbre,
y no eres tú

y mi corazón se hunde como un ancla,
con la esperanza de que el tuyo siga latiendo por el mío,
pero sin certeza de que vuelva a hacerlo

creí que tu amor era real,
y al inicio lo fue,
pero no era amor *verdadero*,
porque el *verdadero* amor permanece
aunque el cielo tiemble y se agriete

cualquiera permanece cuando la vida es sencilla,
pero los que de *verdad* se aman
soportan las pruebas que los cercan,
incluso cuando las tormentas buscan desgarrarlos

pero al final,
eras simplemente un paracaídas
que solo se abría en condiciones ideales
me amaste cuando el aire estaba quieto,
pero en el momento en que el aire aulló,
te negaste a abrirte para mí,
dejándome

caer en picada

hacia

la tristeza.

estaba destinado a pasar toda mi vida contigo. íbamos a dormir cada noche uno al lado del otro, y despertarnos con el aroma del café compartido. íbamos a comenzar nuestras propias tradiciones, como noches de cine los martes e intercambios de regalos cada año. íbamos a recorrer el mundo de la mano y llenar álbumes con recuerdos para mirarlos cuando nuestro cabello se vistiera de blanco. en cambio, te vi alejarte lentamente de mí. en el proceso, te llevaste todos mis deseos contigo, dejándome rodeado de sueños sin nadie con quien compartirlos.

siendo sincero, no confío en ti

sirenas resuenan en mi mente,
gritándome lo que ya sé,
y aun así elijo hacerme el ciego

si los ojos son la ventana del alma,
tu teléfono es la ventana a tu universo,
y me niego a mirar por ella,
no por respeto a tu privacidad,
sino por el miedo a lo que podría descubrir

el terror de revelar lo que allí se oculta
me basta para sonreír fingidamente entre la sospecha

cuando rápidamente pasaste a estar con alguien más,
me abriste el pecho en dos
y te llevaste mi corazón latiendo.
fue la más cruel de las traiciones.
perdí una parte de mí y tuve que verla amar a otra persona.
era como andar perdido en un desierto
bajo un sol que quemaba,
y al hallar al fin una jarra rebosante de agua,
la encontré sellada tras un cristal blindado.

un peso descomunal crece en mi pecho.
una nube espesa de anhelo frustrado
ahoga mis pulmones en pura desilusión.
quiero,
no,
*necesito* entender qué salió mal y por qué.
¿fue algo que dije?
¿o palabras que jamás supe pronunciar?
¿o un golpe que nunca vi acercarse?

a rabia y el rencor me envuelven
como un enjambre de avispas enardecidas,
primero gritando por justicia,
y después conformándose con una explicación cualquiera.
la soledad me ha envuelto y atrapado en su abrazo
y me ha quitado la capacidad de confiar en alguien.
mil voces me rodean,
y ni una sola habla mi lengua.

nunca fuiste algo que me perteneciera,
pero aun así se sentía como si hubiera perdido algo,
como si redactara una carta de amor
a alguien cuya dirección se me perdió en el camino.

defendiste a extraños en línea,
pero me dejaste caer en mi propia sala

quizás si hubieras luchado *por* mí
de la misma forma en que proteges a todos *menos* a mí,
todavía estaríamos juntos

pero en cambio,
te convertiste en la misma tormenta
de la que me dijiste que me alejara.

al principio, nuestro amor guardaba relámpagos en las palmas
tu belleza me robaba el aliento,
tu entusiasmo se contagiaba como fuego,
y nuestras aventuras desbordaban mis venas,
pero poco a poco todo empezó a sonar hueco

el amor que compartimos entre nosotros
cambió de primera a reversa sin previo aviso,
y el silencio que siguió
se sintió más ruidoso que cualquier viaje

los halagos que antes me llenaban de mariposas
se volvieron insípidos
la copa que alguna vez rebosó de amor
ahora solo acumula polvo
los viajes nocturnos y las serenas mañanas de domingo
se borraron en memorias que jamás volveríamos a tocar

al final,
terminamos siendo extraños con recuerdos en común,
pero sin nada más

¿fuiste mi persona correcta en el momento equivocado? digo, lo entregué todo a algo que no resultó en nada.

tu ausencia quebraba mi alma día tras día, y mi esperanza en el amor se iba borrando hasta volverse invisible.

me desmoroné bajo el peso de nuestra relación. las discusiones se volvieron parte de nuestra rutina, la distancia entre nosotros creció, y el amor se convirtió en algo que contábamos. cada halago se sentía como una disculpa disfrazada.

pero no siempre fue así.

contigo me sentía en casa. tu risa era la terapia de mi corazón y tu presencia, el abrigo de mi alma. liberaste una parte de mí que jamás supe que estaba allí.

enamorarme de ti fue lo más natural. eras deslumbrante por fuera y aún más valiosa por dentro. tu *hola* despertaba mariposas en mi interior. cada toque, beso, charla y gesto era un empuje tierno que iba reparando las grietas de mi corazón.

así que me pregunto una vez más: ¿fuiste mi persona correcta en el momento equivocado?

(ahora comienza desde el final
y asciende de nuevo hasta el inicio)

creo que siempre te amaré

grabaste un tatuaje eterno en mi corazón
con la silueta de tu nombre
y aunque quisiera arrancarte de mi amor,
mi mente es ya una brújula
que solo apunta hacia ti

parece que cuanto más me esfuerzo en olvidarte,
más regresan los recuerdos de lo bueno,
aunque las lágrimas pesaron más que las sonrisas

creo que siempre te amaré,
y no sé si ese amor será lo que me sostenga...


...o lo que me quiebre de maneras que jamás veré venir.

encuentra la diferencia entre estas dos listas:

- una ciudad abandonada
  sin edificios
- un día lluvioso
  que nunca termina
- una foto con el color
  drenado
- una flor marchita en
  un jarrón olvidado
- un rompecabezas
  con una pieza faltante
- un libro que termina a
  la mitad de la historia
- una vela de cumpleaños
  sin llama
- un cielo nocturno
  sin estrellas
- un solo par de huellas
  en la arena
- una silla vacía
  en cada comida

- visitar monumentos
  famosos en persona
- una obra maestra
  en una galería de arte
- un jardín
  en plena floración
- una carta de amor
  escrita a mano
- un hogar del que
  nunca quiero irme
- reír hasta que
  me duelan las mejillas
- el primer bocado
  de mi postre favorito
- la brisa perfecta
  en una mañana
- el aroma del rocío
  de la mañana
- café caliente
  en una tarde de invierno

¿ya la encontraste? ¿no? es bastante simple, en realidad. la diferencia entre estas dos listas es.....

......el destino.

mi terapeuta, citando a tennyson, me dijo:
*es mejor amar y perder que jamás haber amado,*

¿pero qué tal si nunca quise amar en absoluto?

¿y si mi deseo de amar y ser amado
es la raíz de toda mi desesperanza?

¿se puede evitar la pérdida
evitando al amor desde el inicio?

después de todo, de no haberme enamorado,
no habría nada que echar de menos.

¿verdad?

...¿verdad???

tomaste mi mano y dijiste que nunca la soltarías, pero...
aquí estoy aferrándome a nada.

compartir risas contigo le dio un hogar a mi corazón, pero...
las órdenes de desalojo llegan sin aviso.

atrapé cada *te amo* que me diste, pero...
el amor se escapó por las grietas de todos modos.

juré que seríamos eternos, pero...
nuestro *siempre* se deshizo.

el amor es la fuerza más poderosa de la tierra,
y siempre merece la lucha,
siempre que no seas tú solo quien pelea

un puente que solo se sostiene de un lado no es puente,
es simplemente un cruce quebrado

y si peleas por amor,
pero eres el único lanzando los golpes,
entonces no *peleas* por amor

solo estás luchando para no sentir que pierdes,
aunque ya hayas perdido

| lo que dices: | lo que escucho: |
|---|---|
| *solo necesito algo*<br>*de espacio* | *ya te estás alejando*<br>*para siempre* |
| *extraño cómo*<br>*solíamos ser* | *nunca volveremos*<br>*a estar ahí* |
| *no quiero*<br>*perderte* | *ahora me estás*<br>*dejando ir* |
| *¿podemos hablar*<br>*de esto?* | *a estas alturas,*<br>*ya te has decidido* |
| *estoy cansado*<br>*de luchar por nosotros* | *has decidido*<br>*que no merezco la lucha* |

mi terapeuta dijo,
*un corazón roto es una oportunidad para empezar de nuevo,*

pero ¿y si estoy cansado de empezar de nuevo?

¿y si estoy cansado de avanzar hacia una meta
que se aleja cuanto más camino?

todo el dolor.
lágrimas ya secas.
días que no terminan.
un deseo hueco.
la duda que me habita.

¿se supone que de verdad debo tirar todo eso
y comenzar de nuevo?

¿actuar como si nada de eso hubiera pasado?

si lo hago,
¿no implicará que todo el sufrimiento que viví
fue para nada?

iii.

## cómo nutrir tu corazón

<u>una receta para el corazón y la mente</u>

ingredientes:
2 tazas de apoyo inquebrantable
1 cucharada colmada de palabras amables (para ti y los demás)
1 suave chorrito de paciencia
3 cucharadas de perdón (una para ti, dos para los demás)
1 pizca de comprensión (agregar según sea necesario)
2 cucharadas de tiempo de calidad con tus seres queridos
1 galón de autocuidado

instrucciones:
1. en uno de tus espacios seguros, mezcla el apoyo
   inquebrantable con las palabras amables
   hasta que empiecen a formar confianza.
2. revuelve lentamente la paciencia, especialmente donde
   se haya infiltrado la duda.
3. añade el perdón, una cucharada a la vez.
   deja que se disuelva por completo antes de continuar.
4. agrega un poco de comprensión y asegúrate de mezclar
   con un corazón abierto.
5. vierte el tiempo de calidad y deja que marine.
6. añade con suavidad el autocuidado y asegúrate de que
   cubra *todo*. este es el ingrediente más importante.
7. deja marinar el tiempo que necesites,
   permitiendo que el amor se asiente naturalmente.
8. sirve a diario, con recordatorios de que eres suficiente.

disfrútalo caliente, a menudo y sin culpa.
entrégalo libremente a quienes te aman,
pero sírvetelo a ti primero.

nuestra historia fue imborrable,
y marcó con sus huellas cada rincón de mi vida

comenzó como un cuento de hadas,
donde el destino entrelazó nuestras vidas

nos acercamos mientras compartíamos momentos de alegría,
pasión y vulnerabilidad

justo cuando pensé que las cosas no podían mejorar,
tampoco podían empeorar,
y nuestro castillo se derrumbó en una casa embrujada

comenzamos a pelear por cualquier cosa,
cada pelea deshaciendo lentamente lo nuestro
tratamos de suturar las grietas del amor,
pero tristemente,
ya no había nada que remendar

puede que no tuviéramos el final que queríamos,
pero obtuvimos el final
que abrió la puerta a nuevos comienzos

aunque no terminamos juntos al final,
escribimos capítulos dignos de memoria,
y abrazaré lo bello,
a pesar de las grietas que dejó

no todo amor nace para durar,
pero algunos nos guían hasta el verdadero

no fuiste el hogar donde envejecería,
pero me enseñaste a respirar de nuevo
en la calma del café de la mañana

gracias a ti,
sé que el amor nunca se desperdicia,
incluso cuando se va

no estábamos hechos para durar,
y está bien así
nuestra historia fue breve,
pero digna de contarse,
y no hay deshonra en pasar de capítulo

una cometa rota
no borra la verdad
de que el cielo sigue siendo hermoso desde la tierra
hasta una cometa rota voló por un instante,
y nosotros valimos ese vuelo

me alegra que nuestro final no haya sido juntos

cuando terminamos por primera vez,
no podía entender por qué el dolor después de ti
era más agudo que el dolor contigo,
aunque luchaba por *sobrevivir* mientras estaba contigo

no me alegra lo que ocurrió entre nosotros,
quisiera haber evitado tanto vacío y traición,
pero estoy agradecido,
porque entre tanta incertidumbre y caos
aprendí el valor de poner límites y de irme,
enseñanzas que solo la herida del corazón podía dar

cuando cambié la forma de ver nuestra historia,
entenderla fue mucho más sencillo
no veo nuestra relación como un *final*,
la veo como algo *cumplido*

una pantalla de *game over* sabe a fracaso,
pero una de *juego completado* sabe a cierre
y nuestra relación se desvaneció en los créditos
cuando nuestra historia concluyó

hicimos lo que estuvo en nuestras manos
compartimos risas
y también heridas
lo único que queda ahora
es cerrar el capítulo
y mirar cómo corren los créditos,
sabiendo que cada misión fue cumplida

entre más lo medito,
más comprendo que jamás fuiste el amor de mi vida

el amor de mi vida me vería como su tesoro más brillante,
sería mi ancla en medio de aguas turbulentas,
y sus palabras me abrigarían como el invierno abriga con fuego

¿pero tú?
me trataste como un simple relleno,
me abandonaste en alta mar,
soltaste una tormenta de insultos y la disfrazaste de amor

el amor de mi vida daría todo
por esculpirme en una obra sublime,
y tú diste todo
por astillarme hasta dejarme en fragmentos

no eres el amor de mi vida,
porque el amor de mi vida reconocería mi valor,
aun en mis días más oscuros,
y jamás se arriesgaría a perderme

si la profundidad de mi amor fue tan grande
por la persona equivocada,
imagina la profundidad del amor que tendré
por la persona correcta

entregué todo en mi última relación,
y aun así no bastó
el peso de sostenerme
se volvió insoportable,
y me quedé atrapado en una nube de culpa y duda
pero entre el choque de las olas,
pude divisar aguas abiertas otra vez

mis pérdidas no fueron fracasos,
sino prueba de mi capacidad de amar

el camino que he recorrido hasta ahora,
aunque doloroso a veces,
me llevó a donde estoy hoy

veo aguas serenas delante de mí,
y mientras siga mi marcha,
sé que la marea me conducirá a orillas seguras

me obsesioné con ser el protagonista en tu historia,
y terminé olvidando el papel principal en la mía

seguí intentando forzarme donde no pertenecía,
y fue tan inútil como regar un jardín marchito
esperando que reviviera

jamás iba a ser más que un personaje secundario
en tu capítulo,
y para devolverme el protagonismo,
acepté que ya había cumplido mi papel en tu historia,
y que eso no significaba que debía dejar de escribir la mía

y de pronto,
volví a tomar la pluma,
no para corregir tus versos,
sino para trazar los míos

y mi historia siguió desplegándose
junto a la que había descuidado desde siempre

cuando nos enamoramos, respiré aire limpio tras meses de ahogarme en aire contaminado. nuestro amor se sentía fresco, único y colmado de promesas infinitas. el calor volvió a mi corazón tras años de estar helado por el resentimiento.

en su cima, nuestro amor fue intenso: vibrante, total, indestructible. al fin estaba en paz con mi vida, pero esa paz fue breve, porque el murmullo lejano de los truenos se acercaba a cada instante, y la tormenta llegaba de prisa.

tan veloz como un rayo, nuestro amor cambió y se escurrió. las hojas cayeron de golpe, y no pude recogerlas todas para salvarnos. sin darme cuenta, nuestro verano se apagó en un único destello de fuegos artificiales: brillante, pero tragado por la oscuridad.

la frialdad del amor fue desgarradora. me sentí traicionado, solo, y caí en un estado de entumecimiento que jamás imaginé. no entendía cómo pasamos de un jardín en plena flor a un desierto resquebrajado y árido.

ahora tengo un nuevo sentido de renovación. la frialdad fue un descanso necesario antes de poder crecer de nuevo. me consuela el pensamiento de que el amor siempre volverá de alguna forma. ¿y en cuanto a mí? la primavera no solo viene; está floreciendo dentro de mi pecho.

a quienes me hirieron

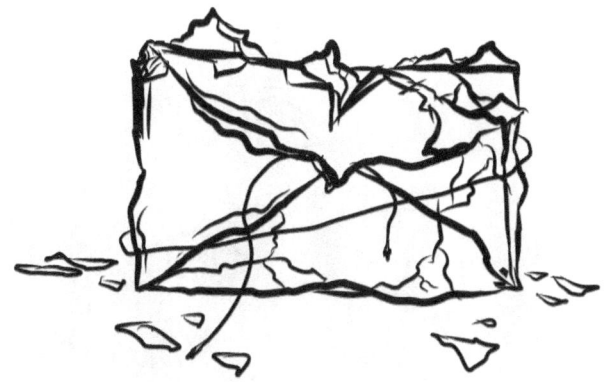

i.

juego un tira y afloja contigo,
pero tú jalas con un equipo a tus espaldas
mientras yo tiro en soledad
siempre dices que debemos encontrarnos en el medio,
pero si al final todo es como *tú* quieres,
¿de verdad es un punto medio?
¿o solo corres el punto medio
para acercarlo más a tu lado?

si el cielo promete sol
y sumerge el día en sombras,
¿creerá la tierra en su palabra?

si una brújula jura marcar el norte
y conduce siempre al sur,
¿la seguirá confiado el caminante?

si un narrador promete la verdad
pero llena páginas con castillos que nunca existieron,
¿aún le creerá el lector?

así que cuando me repetías verdades a medias,
¿por qué esperabas que te creyera por completo
si tus pasos nunca coincidieron con tus palabras?

al mirar atrás,
no puedo decir que fui feliz contigo
me diste momentos alegres,
y durante mucho tiempo confundí eso con la felicidad

sonreí cuando me trajiste flores,
pero pasé por alto los meses
en que las lágrimas formaban parte de cada mañana

mi corazón se aligeraba
con tus halagos y consuelos,
pero tus palabras pesaron después,
afiladas como para herirme por dentro

aunque hubo instantes de alegría,
no puedo decir que conocí la verdadera *felicidad*
en realidad,
mis épocas más oscuras
comenzaron y terminaron contigo

camino de puntillas por un campo minado sin fin,
donde cualquier paso en falso puede llevar a una explosión
de emociones enredadas.
nunca estoy seguro de lo que podría detonar
en cualquier momento,
sacrificando mi propia comodidad y paz
solo para evitar molestarte

me siento como un niño otra vez,
temeroso de defraudar a mis padres,
haciendo lo imposible
para comprar su orgullo,
pero nunca estuvo en venta

te amo tanto,
de verdad lo siento así,
¿pero es por amor verdadero,
o porque en realidad te temo?

*sacas lo peor de mí. eso es culpa tuya.*

*no levanté la voz por ira, sino porque me importas.*

*da gracias que me quedé y no me fui.*

*mis padres jamás me abrazaron. no sé cómo empezar.*

*tal vez si fueras más fácil de amar, sabría cómo.*


restringes el crecimiento
al evitar la responsabilidad
y hacer que otros carguen con *tu* culpa

cada excusa que arrojas
solo aplaza lo inevitable,
como pintura sobre un muro que se desploma
tapar tus grietas con reproches
no evitará que se caiga tu cimiento

te cuesta hallar soluciones a tus problemas
porque siempre postergas lo inevitable

es como echarle agua al jabón
para fingir que nunca se acaba
con el tiempo, esa mezcla jabonosa deja de limpiar
y termina siendo solo agua sucia

tus problemas no se desvanecerán por ignorarlos,
porque algún día
el fregadero rebosará
y acabarás con el agua hasta los tobillos,
hundido en el desastre que quisiste evitar

¿cómo quieres que crea que me amas
con todo tu corazón
si solo lo muestras a medias?
me hiciste conformarme con un amor con huecos,
como si no mereciera más

un día eres cariñosa y amorosa,
al siguiente, distante y desinteresada

tu amor solo cabe en los vacíos de tu tiempo,
y te rehúsas a darme un lugar,
incluso cuando más te necesito

no puedes amarme con todo tu corazón
solo cuando te conviene,
porque si solo me amas a medias,
no me amas en absoluto

lo único más doloroso
que amar a alguien dañino para tu ser
es enamorarse
de la versión de él que nunca existió

una persona *real*
jamás podrá amarte como lo haría
alguien que no existe
y cuando tu mente combina a los dos,
tu corazón aprende a confundir la herida
con la cura

¿por qué no te dejé aunque vivía en el infierno?
porque creía de corazón que estaba en el cielo

pensé que tus actos tóxicos
eran parte natural de cualquier relación,
y que debía aprender a sobrellevarlos
no sabía que estaba en una relación tóxica
hasta que me di cuenta de que el cielo
no me haría sentir tanto miedo

fui afortunado al salir cuando salí,
porque muchos bebemos veneno
pensando que es agua,
y no vemos que nos mata
hasta que ya es tarde

tu trauma quizá explique tu conducta, pero no la absuelve. sé
que tu infancia fue dura y desearía que no hubieras tenido que
sufrir tanto dolor, pero nada de eso justifica lo que me hiciste.

tuviste la oportunidad de acabar con tu ciclo generacional.
la decisión de romperlo estaba en TUS MANOS.
pero soltaste el peso de tu mundo sobre el mío,
y me asfixié.

sabías exactamente lo que se sentía ser una víctima. sabías lo
que era vivir en el mismo ciclo de miedo, duda propia y
agotamiento emocional. sabías exactamente cómo las acciones
pasadas moldeaban los comportamientos presentes, y aun así
decidiste pasarme a mí el papel de víctima.

debiste hacer todo lo posible por curarme.
en vez de eso, hiciste todo lo posible por quebrarme.
y lo lograste.

¿cuándo empezaremos a responsabilizar a los abusadores por
sus acciones?
demasiado a menudo, los abusadores quedan libres.
las víctimas cargan culpas que jamás les pertenecieron.
y con demasiada frecuencia,
los abusadores son protegidos,
cuando las excusas reemplazan las consecuencias.
si los controláramos en lugar de encubrirlos,
quizá las víctimas no se sentirían tan indefensas

¿por qué les preguntamos a las víctimas por qué se quedaron,
en lugar de preguntarles a los abusadores por qué hirieron?
*si era tan malo, ¿por qué te quedaste tanto tiempo?*
*¿seguro que fue tan malo?*
*¿por qué sigues regresando?*
debemos dejar de culpar a las víctimas por 'quedarse'
y empezar a preguntarles a los abusadores
por qué hicieron que 'irse' fuera la única opción.
*¿por qué la heriste tanto tiempo?*
*¿cómo no viste el daño?*
*¿por qué lo sigues hiriendo?*

¿por qué se enseña a la gente a evitar a los abusadores,
pero no se enseña cómo no ser abusivo?
por naturaleza, se nos enseña a sobrevivir,
pero rara vez se enfoca en la prevención.
si enseñáramos a la gente a ser respetuosa,
a mostrar empatía,
a asumir responsabilidad,
la supervivencia no sería tan necesaria.
claro que es importante aprender a sobrevivir.
pero es aún más importante
dejar de poner a las personas en situaciones
donde sobrevivir sea la única opción.

➡

¿cuántas personas se han quedado en silencio,
no porque no tuvieran nada que decir,
sino porque temían que su dolor fuera puesto en duda?
muchas víctimas se niegan a hablar
porque el peso del juicio
a veces es más pesado que el dolor mismo.
son culpadas.
juzgadas.
rechazadas.
todo por sobrevivir al caos de otro.

necesitamos romper el escudo de crueldad que es el silencio.
necesitamos destrozar las cadenas de culpa
que restringen la justicia.
necesitamos hacer espacio para que los silenciados hablen.
ya tuvimos nuestro tiempo para hablar.
ahora es tiempo de escuchar.

tal vez la obra más bella de este mundo
sea la arcilla

es suave y está cargada de promesas
es pura y puede transformarse en cualquier forma
las manos la presionan, la moldean, la esculpen,
y la convierten en lo que quieran

pero, tristemente, muchas veces, la arcilla no elige su forma
manos forzadas presionan demasiado
y la convierten en algo antinatural,
algo que nunca quiso
las manos la rehacen a su antojo,
ignorando sus grietas,
sus protestas silenciosas

en algunos casos,
se seca demasiado rápido
en otros,
se desmorona bajo el peso de todo lo anterior

las manos toman el control
y le niegan a la arcilla su forma verdadera.
podría ser libre,
podría ser ligera,
pero la empujan a un molde
que jamás soñó

la arcilla se moldea en tristeza
porque, aunque está en exhibición,
alabada por extraños que solo ven la superficie,
nunca se siente como ella misma

¿piensas que la violencia te hace fuerte?
¿invencible?
¿poderoso?
cuando en realidad es el acto más débil,
una máscara para tapar lo diminuto que te sientes por dentro

no logras guardar el caos dentro,
y lo lanzas contra el mundo que te rodea
cada vez que intentas disfrazar quién eres,
dejas ver más de lo que nunca quisiste mostrarme

*eres tan hermosa, ERES DEMASIADO SENSIBLE, me
encanta tu sonrisa, TIENES SUERTE DE QUE TE SOPORTE,
tienes los ojos más increíbles, SIEMPRE ARRUINAS TODO,
me haces tan feliz, TÚ ME OBLIGASTE A HACER ESTO,
tengo tanta suerte de tenerte, NO DURARÍAS NI UN DÍA SIN
MÍ, eres lo mejor que me ha pasado, ESTÁS SIENDO
DEMASIADO DRAMÁTICA, eres absolutamente perfecta, NO
HACES NADA BIEN, amo todo de ti, NUNCA SERÁS
SUFICIENTE, DEBERÍAS AGRADECER QUE ESTÉ
CONTIGO*

oí cada palabra tuya,
pero algunas me calaron más que otras

si comprendieras el peso de tus palabras,
tal vez cambiarías la forma en que las lanzas

(*pero seamos honestos,
si de verdad te importara cómo usabas tus palabras,
te habrías silenciado hace mucho.*)

me sentí demasiado cómodo
con lo que nunca fue normal
quise mirar mis golpes y heridas
como cicatrices de guerra de todo lo que vencí
pero en verdad,
no eran más que huellas de vergüenza y culpa,
grabadas en silencio sobre mi piel

me repetía una y otra vez
*al menos no dolió tanto como la última vez*
y así mis moretones se hicieron más oscuros
y mis heridas sangraron por más tiempo

mi terapeuta dijo:
*sé tú mismo; los demás ya tienen dueño*
pero, ¿y si no quiero ser quien soy?
¿y si estoy cansado de habitar esta misma piel tanto tiempo?
¿y si quiero ser cualquiera menos yo mismo?
¿y si al ser otro intercambio mi singularidad
por una apariencia de menor vulnerabilidad?

las heridas emocionales son mucho más difíciles de sanar
que las heridas físicas
porque es difícil sanar
lo que no se ve
y tantas veces
ni siquiera sabemos que existen

no basta con tragar una pastilla dos veces al día
durante cuatro semanas
para curar el trauma de mi niñez

sí, las heridas del cuerpo hieren profundo,
pero las del alma duelen más,
porque siguen sangrando
mucho después de que dejamos de sentir la herida

*nadie nunca estuvo de mi lado.*
*si la gente me escuchara, todo se arreglaría.*
*por alguna razón, cada ex mía resultó ser 'la loca'*

mágicamente,
tú eras impecable,
y sin embargo, cada vez que te quejabas
de la gente a tu alrededor,
solo un nombre seguía apareciendo

así que dime,
si chocas con cada persona que encuentras,
¿habla eso más de ellos...
o habla más de ti?

el amor sigue con las manos apretando mi garganta
incluso después de que te fuiste,
tu presencia sigue rebotando en mis pensamientos,
se manifiesta en cada uno de mis gestos,
y se niega a marcharse por más que le suplique

siempre estoy agotado
pero no puedo dormir

siempre tengo hambre
pero no puedo comer

siempre estoy ansioso
pero no puedo pensar

sé que me quiebro por dentro, poco a poco,
que la paz se aleja más y más
mientras las horas devienen días
y los días se vuelven semanas,
y aun así no consigo dejar de desmoronarme

soy una llama que ruega un abrazo del viento,
sabiendo que me apagará
tan pronto como me toque

no vale la pena marcharse,
porque aunque corriera hasta los límites del mundo,
sé que allí me estarías esperando

ERES TAN SENSIBLE ERES TAN SENSIBLE ERES TAN
SENSIBLE ERES TAN SENSIBLE (*pero sí dolió, entonces ¿por
qué eso no te importa?*)

YO SÉ LO QUE TE CONVIENE YO SÉ LO QUE TE
CONVIENE YO SÉ LO QUE TE CONVIENE YO SÉ LO QUE
TE CONVIENE (*qué irónico que tengas el plano de mi vida sin
haberme pedido las instrucciones.*)

TÚ ERES LA RAZÓN DE QUE ESTÉ ASÍ TÚ ERES LA RAZÓN
DE QUE ESTÉ ASÍ TÚ ERES LA RAZÓN DE QUE ESTÉ ASÍ
(*pero no soy yo quien te hiere... eres tú quien me hiere.*)

TÚ ARRUINAS TODO TÚ ARRUINAS TODO TÚ ARRUINAS
TODO TÚ ARRUINAS TODO (*si yo arruino todo, entonces
¿por qué sigues aquí? ¿es porque necesitas algo que
arruinar?*)

NADIE MÁS TE AMARÍA SI REALMENTE TE CONOCIERAN
NADIE MÁS TE AMARÍA SI REALMENTE TE CONOCIERAN
NADIE MÁS TE AMARÍA SI REALMENTE TE CONOCIERAN
(*¿conoces al verdadero yo? ¿me conozco yo al verdadero yo?*)

TÚ ERES EL TÓXICO TÚ ERES EL TÓXICO TÚ ERES EL
TÓXICO TÚ ERES EL TÓXICO (*no soy tóxico. tú lo eres. no,
quizá me estoy sobreactuando. ¿o no? quizá soy igual que
tú...*)

TE ODIO TE ODIO TE ODIO (*también me odio. tal vez eso fue
lo único en lo que coincidimos.*)

siento que siempre estoy a prueba por tu amor
soy yo quien planea las citas
soy yo quien muestra cariño primero
soy yo quien da sin recibir nada a cambio

no es que espere algo de vuelta cuando doy,
pero, ¿es demasiado pedir
un poco de amor
a cambio de tantas llamadas de medianoche
y los besos suaves al amanecer que te regalé?

es como si estuviera GRITANDO dentro de un cañón

> pero el viento
> devora mis palabras
> antes de que logren tocarte

soy escuchado,
pero nunca alcanzado

simplemente no lo entiendo.

hicimos todo juntos
y planeamos el resto de nuestras vidas el uno con el otro,
así que, ¿cómo pasamos de *siempre* a *casi*?
antes, todo solía ser tan claro.
me dabas certeza en la forma en que siempre enviabas
un mensaje de buenas noches,
en la manera en que te quedabas despierta hasta tarde
solo para escuchar lo que yo tenía que decir,
en ser el único lugar en este mundo
donde en verdad me sentía *seguro*

pero un día, todo empezó a cambiar.
dejamos de kompartir pekenos momentos.
las diskusiones se volvieron parte de nustra rutinna diariia.
me sentí komo un ekstraño en mi propia kasa,
komo si hablára un idiomaa estrañoo.

tú desiste ke no era nada, peroo se sentía komo todo.
se sintiía mui ruidoso y mui sielensiozo.
demaziado rapído i demaciado lento.
demasiado iinsufisiente.
es kom si algo se rrotó denntro de mí
i no puedoo vovler a armarlo.
no sé ke es real, solo sé lo ke duele.

yo droun't knau k'hn eshtóy k'nthig.
komu pueth ahlgoh senntírse real y'ahsi rompirze?
idju evruvl amorr kuando dijimoh k'm nos amabamoh?
khomoh amahr a algyn ke todaviahh se senthe komoh yó?
esh el finnd del munnnd, pero seh sinte asi.

simplemente no lo entiendo.

aguanté cada palabra cruel,
portazo,
y mano alzada,
porque me repetía una y otra vez
que al final todo estaría bien,
que venceríamos las tormentas,
sin saber que "el final"
quería decir nuestro final.
no me fui
porque supuse que tú tampoco lo harías

gasté años armando un bote con madera podrida,
respirando la podredumbre mientras fingía que olía a bien,
haciendo caso omiso a los crujidos que anunciaban más daño,
hasta que finalmente se hundió, y deseé haberme ido

lo que dices:

*siempre eres*
*demasiado sensible*

*basta, estás*
*exagerando*

*¿por qué siempre*
*lo complicas todo?*

*no puedes hacer*
*nada bien*

*me necesitas más*
*de lo que yo te necesito*

lo que escucho:

*mis sentimientos*
*no te importan*

*tu dolor me*
*resulta inconveniente*

*¿soy yo la razón*
*de que nada sea fácil?*

*quizá nunca fui hecho*
*para lograr nada*

*¿realmente no soy nada*
*sin ti?*

girábamos el uno alrededor del otro,
dos estrellas compartiendo constelación,
siempre cerca, brillando en unión

aun a años luz,
te sentía tan cerca,
la gravedad unía nuestros corazones,
y la fuerza entre nosotros nos mantenía firmes.
pero poco a poco empezaste a flotar lejos,
cerca como para mirarte,
lejos como para ya no *sentirte*

ahora pareces a galaxias de mí,
aunque compartas esta misma habitación,
una estrella que puedo mirar y sentir,
pero jamás tocar

¿cómo puede una galaxia
rebosante de estrellas encendidas
sentirse igual que un cielo desierto?

ojalá no me diera cuenta de cómo dejaste de importarme

cómo tus largos *buenos días*
acabaron siendo respuestas de una sola palabra

cómo tus besos inesperados
terminaron en abrazos indiferentes

cómo tus halagos de siempre
se volvieron reproches sin fin

ojalá no me diera cuenta de cómo dejaste de importarme,
porque tal vez así
yo también habría dejado de importarme

cuando te entregué mi corazón, era frágil y delicado,
se había formado a través del trauma y la tristeza
que cargué durante toda mi infancia

tu deber era cuidarlo,
era reconfortarlo
y ayudarlo a sanar

en cambio,
te aprovechaste de él,
lo maltrataste
y limitaste su crecimiento

mi corazón yace hecho pedazos en el suelo,
cada astilla un recuerdo de lo que alguna vez brilló
cada intento de unirlo abre más la grieta en mi interior,
y aun así sigo recogiendo trozos,
esperando que algún día encajen de nuevo

el matrimonio nunca es sencillo,
porque cuando el amor se prueba,
la decisión parece clara
pero nunca ligera:
o aprietas el lazo con más fuerza
o lo dejas ir para siempre

demasiados votos se disuelven en divorcio,
aunque todos nacen de la esperanza
de un amor sin final

siempre me pregunté por qué alguien se arriesga
a elegir entre amor y dolor,
y sin embargo, aquí me encuentro,
repitiendo lo mismo

¿la persona indicada, en el momento equivocado?
no.


¿la persona equivocada, en el momento indicado?
no.


¿el momento equivocado, la persona equivocada?
ajá.
y aun así me quedé.

he cultivado un miedo a volver a enamorarme.
un terror nacido no del amor, sino de la supervivencia.
este miedo no nació conmigo.
me lo impusieron a la fuerza,
lo moldeó el tiempo en manos de quien decía amarme.

el miedo empezó como amor, o al menos bajo su disfraz.
pero la crueldad se coló sin ruido.
caí preso de control y manipulación.
comencé a dudar de mí mismo,
encogiéndome mientras el miedo tomaba el lugar del amor.

cada paso quebraba las cáscaras bajo mis pies,
y no existía otro camino para elegir.
me estremecía al eco de una voz elevada
y me doblaba tras cada golpe súbito.
exploraba cada cuarto, memorizando las salidas,
pero quedé quieto. mi cuerpo actuaba antes que mi mente.
me sobresaltaba con cada portazo, con cada mano levantada.
la única paz la hallaba en soledad,
pero aun allí
se apagaba demasiado rápido.

su forma de ser no solo me dio miedo de ellos.
me dio miedo de mí.
ya no sabía en qué creer.
empecé a confundir lo justo con lo errado,
cerrando los ojos ante las banderas rojas
que cegaban mi mirada.
amarles fue olvidar cómo amarme,
un precio que me forzaron a pagar,
porque el miedo que les tenía venció al amor propio.
antes temía a la soledad.
ahora temo al amor, y me pregunto cómo se vive sin soledad.

dicen que las pruebas te hacen fuerte,
pero a mí solo me dejaron más frágil

ni siquiera sé cómo sobreviví,
si apenas tenía fuerzas
para despegar mi cabeza de la almohada
antes de que todo esto pasara

agradezco que la tormenta se haya ido,
pero se llevó los cimientos
que necesitaba para volver a levantarme

quizá sobreviví,
pero me siento más como una sombra,
un remanente de la luz que solía llevar

antes me sentía *entero*,
pero ahora soy apenas fragmentos
que ya no saben unirse

no sé en qué momento me volví
alguien irreconocible,
y aun así aquí estoy,
solo la silueta
de quien alguna vez fui

estoy entre borrarte para siempre
y concederte una última oportunidad,
porque cuando tu nombre parpadea en mi pantalla,
una parte de mí quiere responder
y otra quiere salir corriendo

no olvidaré nada de lo que hiciste,
porque a pesar de todo el dolor que me causaste,
todavía hay espacio en mi corazón para el perdón,
pero eso no significa que no tenga miedo

sé que acercarme a ti podría destruirme,
y por más que esté dispuesto a confiar en ti otra vez,
mi corazón no puede soportar más dolor

no es que esté avanzando,
pero tampoco me estoy sosteniendo
no sé vivir sin ti,
y tampoco sé cómo seguir si estás conmigo

ambas opciones se sienten mal
y quizá no exista la *correcta*

el inicio de nuestro amor fue un relámpago
me hiciste sentir visto, único, vivo,
como si el amor mereciera la batalla

pero pronto surgieron las señales:
tu furia en ciertos instantes,
tu silencio en otros,
me hicieron encogerme aún más de lo que ya estaba

surgieron más banderas rojas,
pero mi amor por ti me cubrió los ojos,
y pasaron inadvertidas
mi corazón susurró cautelas,
pero lo callé,
diciéndole que no fuera tan dramático

cuando abrí los ojos,
ya estaba en pleno caos,
sin saber cómo había llegado,
ciego a las ruinas que me rodeaban
el amor que antes me salvaba
se volvió el peso que me hundía
quedé en el ojo de la tormenta,
inmóvil,
mientras la destrucción giraba a mi alrededor

no me pesa haberte amado,
porque hubo un instante
en que lo nuestro fue hermoso

pero sí me pesa no haberte dejado antes,
porque al caer la máscara,
la tormenta arrasó con todo

nopodíaseryomismocontigoporqueteenojabas.
empezastealimitarmisemocionesdiciendoqueera
demasiadosensibleyquenotodoteníaqueserungran
problema. mehicistedudardemímismoyesoconvir-
tióenuncomportamientocontrolador. *nodeberías
ponerteeso.esvergonzosocuandoteríesdemasiado
fuerte.anadieleagradascuandohablasdemás.*
cuantomáscontrolobtenías,mássilenciolograbas.
dijistequedebíasonreírmás,perosolocuandofuera
elmomentocorrecto. queeramejorcallarqueequi-
vocarse. quedebíadejardeveramisamigos. todoen
mí-mivoz,miactitud,misacciones-era*demasiado*o
*nosuficiente*. mefuistemoldeandopocoapoco,hasta
quecadamovimientomíodependíadetuaprobación.
acabéencerradoenlacajaqueconstruisteparamí.

no merecía la forma en que me trataste,
no merecía perder amigos de toda la vida,
no merecía pedir perdón por cosas que nunca hice,
no merecía ser insultado cada día,
no merecía sentir que nunca sería suficiente,
no merecía sentir culpa por ser *yo mismo*

si a esto lo llaman amor,
entonces el amor merece otro nombre

ningún ser humano debería ser reducido
a sentirse tan diminuto,
mucho menos la persona que dices amar
me trataste como si fuera la peor persona
que cruzó tu vida,
pero yo no era más que un alma rota
entregándote el mismo amor que yo ansiaba

la última vez que me golpeaste dijiste:
*me duele más a mí que a ti,*
que jamás comprendería cuánto te partía el corazón,
y sin embargo ya olvidaste lo que hiciste,
mientras en mi mente se repite sin descanso cada día

finges como si no hubieras tenido el poder
de parar,
pero siempre lo llevabas en tus manos

algunas de las cicatrices que dejaste
se desvanecerán con el tiempo,
pero la mayoría nunca nacieron para sanar

la ansiedad es un ente ensordecedor que anidó en mi alma.
retumba en mi mente,
grita en mi pecho,
y sin tregua deshace mi paz.
y aun así,
por fuera,
todo parece tranquilo y sereno.
es una sirena aullando en un cuarto sellado,
pero sellado solo para quienes me rodean.

por más que intento sofocarla,
la ansiedad siempre logra hacerse notar.
desata carreras en mi mente,
obligando a los pensamientos a chocar y repetirse.
levanta un tamborileo que va de mi corazón a mis oídos.
desata un vértigo en todo mi cuerpo,
me llena la garganta de piedras,
y me deja mares bajo los ojos.
clama por salir.
pero nunca se marcha.

y aun así,
por fuera,
parezco estar bien.
los que me rodean ven a alguien que sonríe siempre
y asegura que está bien.
ven a alguien 'normal',
pero por dentro todo es cualquier cosa *menos* normal.

hay una brecha entre mi afuera y mi adentro,
y con ella todo se vuelve más pesado.
me ahogo sin que nadie lo vea y deseo que alguien lo note,
pero a la vez
me avergüenza sentirme de esta forma.
soy el que siempre tiende la mano a los demás,
y aun así me cuesta extender la mía para pedir ayuda.

y claro,
es difícil pedir ayuda
cuando parece que no la necesitas.

creerías que el tiempo me daría dominio sobre mi ansiedad,
pero en realidad
solo ha crecido.
la sirena que me rodeaba
es ahora una alarma constante, día y noche,
y lo más duro
es que terminó volviéndose ruido de fondo.

para alguien que siempre odió las tormentas,
he aprendido a vivir dentro de una.

me dejaste en una encrucijada,
forzado a elegir entre dos caminos,
cada uno oliendo a humo y herrumbre,
como si ambos ya hubieran ardido

uno está cubierto de cristales rotos
y perseguido por gritos,
el otro se deshace en niebla
con cada paso que avanzo

ninguno me acerca a casa;
ambos me alejan de quien solía ser

cada puente que construyo se d
                                    e
                                   r
                                    r
                                    u
                                      m
                                        b
                                      a
                                              debajo de mí


cada puerta que abro se
   [tranca]
     [tranca]
   [tranca]
detrás de mí


cada meta que me espera
         corre más lejos-
                      cuanto más-
                                   cerca llego.

mi terapeuta dijo:
*siempre hay un arcoíris después de cada tormenta.*
¿pero qué pasa si las tormentas nunca terminan?
¿y si la destrucción vuelve a los arcoíris tan inútiles
como servilletas de papel en medio de un diluvio?
quiero creer en ellos,
incluso cuando sé que debería saber mejor,
pero apenas respiro su esplendor,
su brillo se apaga bajo el trueno de la próxima tormenta.

siento que estoy aquí,
aunque en verdad no lo estoy.
mi cuerpo existe,
pero mi alma está ausente

la agonía con que ataste mi corazón
entumeció lo que sentía
y apagó lo que quedaba de mí

me muevo,
pero apenas como sombra ajena
ya no me siento real,
sino la silueta de quien fui

es como si mirara a un completo desconocido,
pero al mismo tiempo,
a una versión menor de mí mismo

sobreviví.
¿pero acaso me sacrifiqué a mí mismo?

ii.

para ti no era una persona. era un proyecto, un pasatiempo cuando la vida se volvía gris. me convertiste en un objeto sin vida en tus manos, no en un ser humano con emociones. escondí mi verdadero yo (y jamás lo viste), pero el precio fue el abandono, hasta que ya no supe quién era.

tu manera de acercarte me hizo sentir incompleto, como si viviera en eterno desajuste. no necesitaba críticas sin fin, ni comparaciones interminables, ni un encierro que me asfixiara. necesitaba comprensión. necesitaba aceptación. necesitaba amor. tu obsesión con 'arreglarme' nunca fue reparación: siempre fue control.

al inicio creí en tu ilusión de reparación. pensé que te importaba, que buscabas ayudar. pero pronto aparecieron las grietas. cada intento de 'arreglarme' borraba un pedazo de mí. moldeaste rincones que nunca pedían cambio. me sentí deshaciendo, y tu afán de arreglarme me dejó más quebrado que nunca.

nunca preguntaste qué sentía. me quitaste el poco amor propio que aún tenía. sembraste dudas en mi juicio, me hiciste creer que yo era el defecto. me hiciste sentir un fracaso, avergonzado de ser quien soy. mi corazón ya era frágil sin ti, y cada ajuste dejó nuevas cicatrices ocultas. no estoy hecho de piezas que se reacomodan. estoy hecho de sentimientos que merecen respeto.

nunca debí convertirme en tu proyecto. nunca debí dejarte moldearme a tu antojo. yo ya estaba entero en maneras que jamás comprendiste. me hiciste perder la confianza en quienes me rodean, la fe en El de arriba, y la certeza en el de adentro. me quitaste mucho, y destruiste partes de mí que no tenías derecho a tocar. y aun así aquí sigo. no me borraste. reuniré los fragmentos que no lograste arrancar, los pedazos que se negaron a quebrarse, y con ellos me reconstruiré en alguien que ya no dolerá.

*si viajas con alguien que necesita ayuda,*
*asegúrate tu propia mascarilla de oxígeno antes de ayudarle.*
vi ese mensaje en mi feed el otro día,
y se me quedó marcado
como huellas en mi corazón

durante demasiado tiempo,
me hice agujeros en mis propios pulmones
solo para llenar los tuyos de aire,
un error que me dejó sin aliento,
uno que no repetiré

porque si tengo que reducir *mi* aliento
solo para darte vida,
¿realmente estoy viviendo?
¿o solo estoy respirando aire sin vida?

me estaba desvaneciendo,
ahogándome en un océano de miseria,
pero la esperanza me agarró
y me tiró hacia la superficie

el abuso no me venció,
aunque a ratos quise que así fuera,
la esperanza repasó mis cicatrices
como prueba de que aún *vivía*

me hundiste durante años
en ira disfrazada de amor,
pero aprendí la diferencia
entre el amor oculto tras una máscara
y el amor que se deja ver

me dejaste lecciones,
unas más punzantes que otras,
pero la más grande
fue descubrir que el amor se revela en el perdón
y al perdonarte,
aprendí a amarme otra vez

a los que se fueron demasiado pronto

i.

la alegría era una gota de agua
en el desierto que era mi alma
el duelo me invadió
y extrajo el último hilo que me quedaba

me sentí ultrajado,
tan exhausto que no pude resistir,
y ahora
la ausencia merodea los lugares
donde antes habitaba la alegría

**un desconocido:**
*hola*
*adiós*

el espacio entre nosotros fue solo un respiro,
pero aún así fue memorable

**un amigo:**
*hola*

*adiós*

el espacio entre nosotros abarcó toda una infancia,
y aunque la vida nos separó, aún así fue maravilloso

**tú:**
*hola*

*adiós*

el espacio entre nosotros cubrió toda una vida,
pero ni así alcanzó el tiempo
para hallar el adiós adecuado.

el duelo es un ladrón
que te arrancó de este mundo
y se llevó mi alegría

solo quería recuperar mi luz,
pero si mi deseo se hubiera hecho realidad,
el duelo jamás te habría alcanzado

mi mente es un océano repleto de   m e m o r i a   s.

la manera
en que preparabas
mi comida favorita,
solo para mí

la manera en que
te reías de tus
propios chistes

la manera en que
caminabas para regar
el jardín

la manera en que jugabas
juegos de mesa
en la mesa de la cocina

la manera en que
tu perfume
quedaba flotando
en el aire

la manera en que
siempre jurabas
que tus cuentos familiares
eran ciertos

la manera en que
siempre me sentí pequeño
y en paz en tus brazos
sin importar cuánto creciera

estos recuerdos no tienen destino
flotan a la deriva en el mar,
rogando ser vistos,
con tal de volver a existir

al principio,
el dolor me atravesaba
cuando trataba de aceptar
que te habías ido demasiado pronto
quedé atrapado en un ciclo de tristeza
sin escape

mi único escape era dormir,
pero hasta los sueños se torcieron en pesadillas
que me seguían al abrir los ojos

ahora,
el dolor ya no me invade;
me he vuelto insensible
el cansancio tomó su lugar,
y estoy tan agotado
que ni siquiera respondo
cuando me preguntan si estoy bien

ya no duele,
solo quedo rendido

muchos dueños detestan escuchar
a su perro ladrar a la nada,
hasta que el silencio de su ausencia
retumba más que cualquier ladrido

muchos padres detestan ver
el desorden que sus hijos dejan por doquier,
hasta que cada habitación queda impecable
porque ya no queda nadie en ellas

muchos hijos detestan
que sus padres llamen a cada rato,
hasta que buscan mensajes viejos
solo para volver a oír su voz

y muchos odian sentir
que nunca tienen un momento a solas,
hasta que lo único que se escucha
es el eco de sus propios pensamientos

no valoramos lo que tenemos
hasta que se desvanece,
y la soledad se convierte en un espejo
del que no sabemos apartar la vista

el desconsuelo pesaría menos
si pudiera quitar los recordatorios diarios
de lo que alguna vez nos perteneció

ahora percibo mi alrededor más que nunca
veo la silla vacía en la mesa del comedor,
la que crujía siempre pero jamás se rompía.
echo en falta el eco único de tus pasos
cuando bajabas las escaleras,
y la falta de campanadas con tu nombre
encendiendo mi teléfono

ahora temo los días que antes adoraba.
las navidades suenan apagadas,
los cumpleaños se sienten huecos,
los aniversarios, insoportables
tu ausencia resuena más fuerte hoy
que tu presencia en su momento

estoy dividido entre recordar y olvidar,
porque si quitara todo
lo que me recordaba a ti,
ya no cargaría con el peso del anhelo

pero para olvidar el dolor
tendría que olvidar la silla que crujía,
las escaleras que guardaban tu eco,
las campanadas que solían cantar tu nombre,

tendría que olvidarte.

una de las cosas
que más me hieren
es no haber sabido decir adiós

siento que debí *hacer* más,
que debí *decir* más
para que no nos quebráramos
pero, al fin y al cabo,
¿cuál es la manera correcta de decir adiós?

no es algo que se enseñe,
es algo que solo se tropieza al vivirlo

podría gastar una vida
aprendiendo a decir adiós,
y aun entonces no sabría
cómo

es difícil dejarte ir
cuando levantaste un hogar en mi corazón
con el molde de tu alma

le diste reposo a mi corazón
tras años de fatiga,
pero ahora
se siente forastero
en su propia casa

dejé abierta la puerta de mi corazón,
sabiendo que no regresarás,
pero con la secreta esperanza
de que un día vuelvas a cruzarla

no entendí lo devastador del duelo
hasta que se volvió mi única compañía

sabía que todos pasan por el duelo,
pero siendo sincero,
no pensé que me alcanzaría tan rápido

me era sencillo consolar a otros
con palabras

pero era imposible
darme a mí
el mismo consuelo

los consejos que regalaba a otros
nunca llegaron a mí
y yo me quedé sin rumbo,
sin entender el duelo,
sin entender
quién era yo

porque no estaba listo para decir adiós, ya que pensé que tendríamos más tiempo. daría lo que fuera por tener una última conversación contigo.

me resulta extraño ver tu nombre en mi pantalla
y no poder hablarte

guardé todos tus mensajes de voz
solo para poder escucharlos
y fingir que aún me hablas
en los días que más te extraño

no he borrado nuestras conversaciones pasadas
porque son tesoros que me niego a perder

no me di cuenta de lo valiosas que eran las cosas simples,
como mensajes al azar
o llamadas rápidas
que duraban apenas unos minutos
pero se quedaron conmigo toda la vida

me pesa la culpa
por las veces que no encontré el momento
para preguntarte cómo estabas

lo daría todo
por oírte decir:

*¡estoy bien!*
*¿y tú?*

una
última
vez.

la sanación es complicada

cuando comencé mi proceso de sanación,
no sabía que dolería más que la herida

pensé que hallaría alivio,
pero lo que siento es rencor,
porque el duelo se niega a envejecer,
siempre encuentra la forma de volver

el duelo se infiltra cuando despierto
y por un instante
creo que todavía estás

el duelo se oculta en la tela
de una camisa que llevaba años guardada
y que jamás volverás a vestir

el duelo aparece sin invitación
cada año en tu cumpleaños,
un día hecho para celebrar
convertido en desolación
porque no estás aquí para celebrarlo conmigo

el duelo ya no pesa tanto ahora
como al comienzo,
pero me pregunto:
¿será que estoy insensible?
¿o simplemente el duelo espera
mi hora más baja?

aunque los años han pasado desde tu partida,
el duelo me sorprende de golpe
cuando me asalta la misma traición,
la misma furia,
que aquel día
en que te despedí para siempre

la sanación es complicada
porque aunque la mayoría de las heridas sanan,
la sanación nunca termina del todo

¿te acuerdas de aquella cena familiar,
cuando nos cruzamos la mirada
y no pudimos parar de reír?
todos nos miraban como si hubiéramos perdido la razón,
y eso nos hizo reír todavía más.
jamás olvidaré las arrugas en tus ojos,
el dolor en mi vientre,
y la alegría que desbordó mi corazón en ese instante.
lo gracioso es
que el chiste ni siquiera era tan bueno.
trataba de un perro qu-


¿y recuerdas aquel viaje por carretera a tennessee?
atiborramos el coche,
con olor a hamburguesas en un rincón
y a protector solar en otro,
mientras sonaba nuestra lista de country
por altavoces medio rotos.
íbamos tan ocupados cantando canciones
cuyas letras ni sabíamos
que pasamos la salida
y terminamos rumbo a ohio.
paramos en una gasolinera a dormir un rato,
pero nos ahuyentaron los vagabundos.
reencaminamos el viaje hacia tennessee,
y al entrar en las montañas smoky,
nos recibió una vista sobrecogedora.
montañas se alzaban, vacas pastaban a nuestro alrededor.
pero lo más bello de todo
fue que la hierba parecía li-

jamás olvidaré aquel primer picnic en chicago.
pasamos la semana entera esperando el clima perfecto,
pero el día fue cualquier cosa menos eso.
un viento helado venía del lago,
las gaviotas gritaban sobre nosotros,
y las servilletas alzaban vuelo.
el césped era desigual,
la fruta se calentaba,
y las bebidas no paraban de volcarse.
aves,
tráfico,
y el tren elevado nos envolvían,
tanto que apenas podíamos oírnos.
y sin embargo,
fue el picnic más bello de mi vida.
da igual lo empapados que estaban los sándwiches
o lo caótica que era la ciudad:
fue especial porque lo compartí contigo.
cuando acabamos los últimos bocados
de aquellos sándwiches blandos,
el sol pintó un mural solo para nosotros.
te miré,
busqué tu mano,
y me acerqué a-

incluso cuando no hacíamos nada, era especial,
porque era contigo.
pero ahora,
me dejaste
con historias
que ya no sé terminar.

si el tiempo cambia todo,
¿por qué sigo esperando que algo cambie?
creí que el duelo se haría más ligero con los años,
pero aún me aplasta con el peso del primer día

aún espero el momento
en que el duelo se vuelva un murmullo lejano,
pero los años han pasado
y nada ha cambiado
el tiempo avanzó,
pero se olvidó de llevarse el dolor

¿de verdad sana el tiempo?

¿o solo entierra
lo que siempre permanecerá?

tu cepillo sigue en el vaso,
pero el lavabo no siente su roce
desde hace...   .

me gradué        mes,
y      busqué tu cara entre     gente,
pero recordé que tú     ya no          .

nosotros       pedimos papas extra para compartir,
pero       hay             .

tu canción favorita        en la radio           día,
pero el silencio cantó más fuerte que           .

yo          gritaba cuando dejabas          luces encendidas,
pero ahora las luces             .

tú solías          robarme las cobijas,
pero anoche yo             envuelto en calor
más vacío que             .

tu ausencia merodea por todas partes,
y no sé cómo llenar los huecos.

¿cómo voy a seguir adelante
si cosí partes de mí en ti—
las camisas que siempre me quitabas,
nuestras risas de medianoche,
las listas que armé—
y te las llevaste contigo?

tal vez fue mi culpa
por derramar tanto de mí en ti,
pero no pensé que te irías tan pronto,
ni que el viaje de reencontrarme
sería tan doloroso

¿algún día volveré a sentirme yo mismo?
¿o será esta sombra
la que me persiga
toda la vida?

soy el protagonista
de una obra en la que nunca me apunté

estoy cansado de fingir que todo está bien
cada día me pongo en escena,
finjo que todo está bien,
y los demás se lo creen

por fuera,
me planto bajo las luces del escenario,
con apariencia de estar bien,
a veces hasta feliz

pero por dentro,
me deshilacho entre bambalinas,
me derrito bajo el foco
que desnuda todo lo que oculto

sonrío y río
para tapar la tristeza que crece en mí
evito mirar a los ojos
para que nadie vea mi luz parpadear

a veces,
solo quiero sentirme triste
sin que nadie pregunte cómo estoy,
y llorar hasta que mis almohadas se empapen,
y gritar hasta que mis cuerdas vocales se desgasten,
y caer hasta que mis huesos se vuelvan polvo,
pero
NO
PUEDO.

porque el mundo no deja de girar,
no existe un descanso
la vida sigue,
y el siguiente acto ya aguarda su turno

aunque mi mundo se paró,
nadie se detuvo conmigo
me toca seguir adelante,
aunque todo en mí suplica
sostenerse un instante más...

pero bueno,
disculpa la interrupción

el telón se alza

vuelve a empezar la función.

quisiera haber sabido
que la última conversación que compartimos,
discutiendo sobre quién hacía los mejores panqueques,
sería la última conversación que compartimos

quisiera haber sabido
que la última vez que dijiste *te amo*,
como un secreto solo para mí,
sería la última vez que lo dijiste

quisiera haber sabido
que la última vez que te abracé,
con tu sudadera oliendo aún al detergente que siempre usabas,
sería la última vez que te abracé

quisiera haber sabido
que la última vez que contesté tu llamada,
cuando prometiste volver a llamarme mañana,
sería la última vez que lo hacía

quisiera haber sabido
que la última vez que contesté tu llamada,
cuando prometiste volver a llamarme mañana,
sería la última vez que lo hacía

si lo hubiera sabido,
habría guardado cada instante
como si esa fuera mi única misión en la vida,
porque ahora,
eso es lo que parece

me enseñaste a valorar lo sencillo:
el aroma del café llenando la casa,
el golpeteo de la lluvia contra la ventana,
y los abrazos que hablan más que cualquier palabra

pero desde que te fuiste,
solo valoro el silencio,
porque es lo único
que comprende la magnitud de mi ausencia de ti

anoche recibí una llamada, y sonó como si el sol me hablara
por el teléfono. la enfermera dijo que tu salud mejoraba, que
pronto saldrías libre de esas paredes blancas.
respiré aliviado: la tormenta había pasado, y por fin volvería a
verte fuera de ese encierro.
that night, you came home.
esa noche volviste a casa. te pedí que descansaras, porque
mañana quería dedicarlo entero a tus cosas favoritas.

cuando amaneció, eso fue lo que hicimos.
en tu parque favorito dimos de comer a los pájaros,
pero nos echaron volando.
en tu restaurante favorito, pediste lo de siempre:
una hamburguesa sin lechuga, tomate, queso, cebolla
ni mayonesa, tal como te gustaba.
terminamos en la playa, mirando el cielo encenderse de colores
mientras el sol besaba el mar.

esa noche te abracé para decir adiós.
te susurré: *qué alegría tenerte aquí.*
*te amo, y muero por verte mañana.*
me estrechaste tan fuerte que no me dejaste ir, y me quedé.
pero al soltarme, todo cambió.
abriste la boca, pero no salió sonido.
las paredes crecieron, doblándose como goma.
el suelo onduló como agua bajo mí.
cada parpadeo te alejaba más. y entonces—
tu cuerpo titiló, como un carrete de cine saltando fotogramas.
el mundo se desdibujó, y antes de notarlo,
se levantó el telón de mis ojos.
no habías vuelto.
solo era un sueño,
y otra vez,
desperté en una tristeza que no se va.

mi terapeuta dijo
que *avanzar no es lo mismo que soltar*,
pero ¿y si no quiero avanzar?
¿y si aferrarme es lo único
que aún me sostiene en pie?
¿y si aferrarme es recorrer tus mensajes antiguos
a las dos de la mañana?
la única forma de avanzar sin ti es soltarte,
pero soltarte
sería soltarme a mí mismo.

quizá solo faltes tú,
pero se siente como si el mundo entero estuviera desierto
y es desgarrador ver a la gente persiguiendo ascensos,
correr tras celebraciones,
cuando yo ni siquiera puedo dar un paso

*de ti, a ti*

mi vida

| antes de ti | después de ti |
|---|---|
| - las mañanas | - las mañanas |
| traían ilusión | pesan sin ti |
| | |
| - la risa | - el silencio |
| llenaba la casa | cubre fotos intactas |
| | |
| - las fiestas eran | - las fiestas son |
| espera alegre | bombas de recuerdos |
| | |
| - sonreía a menudo | - he olvidado |
| sin siquiera notarlo | cómo sonreír |
| | sin forzarlo |
| | |
| - el mundo era | - el mundo es gris, |
| vibrante y colorido | un retrato sin color |
| | |
| - mi corazón | - mi corazón |
| estaba firme | flota sin rumbo |
| | |
| - el futuro era | - el futuro es |
| un sueño compartido | un camino solitario |

el día que te borraste de mi vida,
tu ausencia se volvió una realidad ineludible
mañanas,
noches,
ya nada me pertenece

he tenido que reaprender a vivir
despacio,
con dolor,
en soledad,
aunque nunca supe vivir,
ni siquiera contigo a mi lado

*de ti, a ti*

lo que dices:                                 lo que escucho:

mi terapeuta dijo:
*está bien no estar bien,*
pero ¿y si no estoy bien con solo estar bien?
¿y si ya me cansé de no estar bien?
¿y si ya no distingo entre fingir una sonrisa
y sonreír de verdad?
¿y si las he confundido tanto
que ya no sé distinguir
lo que está bien de lo que no?

lo más duro de todo
es lanzar tu nombre en cuartos vacíos
esperando que pronuncies el mío,
sabiendo que tu voz no llegará
y aun así me quiebro
cuando me abraza el eco de tu ausencia

quizá ahora estés en un lugar mejor,
pero confieso con egoísmo
que quisiera tenerte todavía *aquí*
porque *mi* lugar mejor
era dondequiera que viviera tu voz

¿cómo seguir adelante
si estás en todas partes
y en ninguna
a la vez?
te veo en todo,
pero nunca frente a mí

agradezco
los bellos recuerdos que me dejaste:
las canciones sonando en la cocina,
las tarjetas de cumpleaños que nunca faltaban,
pero esos recuerdos duelen tanto como consuelan,
porque le dan vida a heridas
que llevo tiempo luchando por dejar desvanecer

ii.

**"Accidente fatal se cobra la vida de dos jóvenes"**

**"Familia devastada tras incendio
que los deja sin hogar"**

**"La policía investiga homicidio
tras hallar un cuerpo cerca del río"**

al leer titulares,
es fácil ver solo números,
pero son más que cifras frías
son realidades nuevas
para vidas que ya no volverán a ser las mismas

cuando alguien muere en un accidente,
no es solo una vida la que se rompe:
una madre se queda sin su hijo,
una maestra sin su alumno,
un hermano sin su único amigo

mi forma de ver la tragedia ha cambiado:
ya no miro estadísticas como números,
sino como realidades nuevas,
y eso me ha enseñado a enfrentar la pérdida
con compasión

nada podrá borrar lo que fue nuestro

jamás olvidaré
nuestras conversaciones de madrugada,
donde la vulnerabilidad nos tocaba el alma

jamás olvidaré
nuestras celebraciones,
como ver la misma película una y otra vez
y amarla cada vez

jamás olvidaré
tu apoyo,
un consuelo que nunca antes había conocido,
capaz de silenciar mi ansiedad

aunque ya no estés,
sigues presente
en los innumerables recuerdos que guardo de ti

quizá dejaste *este* mundo,
pero jamás dejarás el *mío*

aún busco el cierre que nunca llegó
lo persigo en cada rincón,
incluso en aquellos que ya revisé

quisiera que las respuestas a mis *porqués* me encontraran,
para poder seguir adelante al fin

*¿por qué tan pronto?*
*¿por qué no pude detenerlo?*

*¿por qué no llamé más seguido?*
*¿por qué di por hecho nuestro tiempo?*

*¿cómo pudo Dios permitir que esto pasara?*
*¿por qué la vida es tan injusta?*

*¿por qué siempre me toca a mí?*
y las respuestas jamás llegan

pero quizá ese sea el punto
tal vez no encuentro cierre
porque hay cosas que nunca nacieron para acabar

quizá,
solo quizá,
la única manera de hallar un cierre verdadero
sea dejar de perseguirlo
donde nunca estuvo
y aprender a vivir sin él

durante años cargué rabia contra el duelo,
hasta que alguien me dijo algo que me ablandó:
*el duelo no es más que amor sin destino,*
y entonces comencé a mirarlo con ternura

la razón por la que se siente tanto el duelo
es la presencia del amor que lo precedió
cuanto más amor hubo,
más duelo se sentirá

cuando el amor no encuentra reposo,
se convierte en duelo
que no sabe a dónde ir,
qué hacer,
a quién aferrarse,
y hace lo único que conoce:
herir

cuando abracé al duelo
y lo cuidé en su soledad,
algo dentro de nosotros cambió.
el amor volvió a asomarse,
y lentamente regresó a mí

aunque hay días
en que el duelo se desborda más de lo que soporto,
aprendo a sentarme junto a él
para recordarle que sigue siendo digno de amor,
como lo somos todos

el duelo no es más que el precio del amor

el amor es un lazo tan profundo,
que solo viviéndolo
puedes entender su grandeza
el amor verdadero vale más
que los momentos robados por el tiempo
es más precioso
que los recuerdos grabados en nuestra carne
es la única fuerza
que vence cualquier mal

y el duelo...
pesa,
duele,
llega y se va en oleajes imprevistos
es la sombra que deja el amor al marcharse
y ojalá no existiera,
pero si no existiera,
quizá el amor no sería tan valioso como lo es

si tuviera que elegir entre amarte
pero experimentar el duelo,
o evitar el duelo
a costa de perder el amor por ti,
le daría la bienvenida al duelo
con los brazos abiertos

el duelo es la forma en que el amor se aferra,
cuando todo lo demás ya se ha ido,
como una voz que sigue resonando en un cuarto vacío

el lazo entre el duelo y el amor
no es castigo del dolor,
sino regalo de la memoria,
prueba de que el amor permanece
cuando todo lo demás se borra

no dejaré que lo nuestro
se pierda contigo
seguiré contando nuestra historia,
no solo con palabras,
sino con mi manera de vivir

aunque tu recuerdo se apague
y tus fotos se borren,
tu esencia nunca lo hará
es la verdad que el tiempo no borra

no fuiste solo alguien a quien amé,
fuiste quien me *transformó*
tu amor,
tu bondad,
tu compasión por los demás
me hicieron alguien de quien al fin puedo sentirme orgulloso

desde hoy,
viviré de un modo
que te mantenga vivo en espíritu
quiero dejar en otros la huella
que dejaste en mí:
con ternura,
con cariño,
y con la simple decisión de amar

tu partida no marca el fin de tu historia,
sino su continuación
aunque tu ausencia sea cierta,
tu amor permanece,
prueba de que nada,
ni la muerte misma,
puede callar al amor

puede que ya no estés presente,
pero nunca dejarás de sentirse en el presente

te haces presente
cuando titila la farola
en la esquina donde solías esperarme

te haces presente
cuando el mismo cardenal me visita cada mañana
a cantarme una nana que acaricia mi alma

te haces presente
cuando ciertos sueños contigo se sienten *distintos*:
calmos, vívidos y reconfortantes

puede que ya no estés *aquí*,
pero siempre estarás cerca

traté de colmar tu vacío
con sonrisas ajenas,
pero nunca lo logré

quise mantenerme ocupado
lavando ropa a medianoche
y corriendo tras mandados innecesarios,
como si pudiera escapar del duelo,
pero siempre me encontraba

intenté rehacerte
en personas que imitaban tu rostro y tus gestos,
pero solo tejía un vínculo vacío,
porque las copias no reemplazan:
solo muestran lo que falta

quise repetir tu legado
escribiendo con tu pluma,
pero la tinta no fluyó igual,
porque un legado forzado por la desesperación
termina en ruina

tras tantos intentos fallidos entendí
que tu espacio no debe llenarse ni sustituirse
es un recordatorio sagrado
de la luz que dejaste para guiarme,
y esa memoria ilumina con su propia y callada belleza

sané mucho más rápido
cuando dejé de cargar tu recuerdo
como un abrigo de invierno que usaba en cada estación,
y lo cambié por un aire libre hilado de ternura,
tan suave que me permitió volver a respirar

aunque ya no estés,
sigues dejándome lecciones de vida

percibo tu paciencia en cada luz roja
que me enseña a respirar antes de avanzar

siento tu amor al regar las plantas
y ver cómo se inclinan buscando la luz

oigo tu orgullo en el roce de la tinta
cuando estampo mi nombre en lo que levanté

aunque a veces me sienta solo,
me has enseñado
que nunca estoy realmente solo,
y que incluso el vacío lleva tu presencia

rehusaba volver a nuestros recuerdos,
porque solo me herían.
melodías de canciones,
aromas de comidas,
rostros en fotografías—
cada uno cargaba una ola de tristeza inmensa,
y mi defensa era apartarlos de mí.

pero la evasión pronto se convirtió en vacío.
al rechazar lo nuestro,
comencé a olvidarlo,
como si te perdiera de nuevo.
olvidarte dolía más que el mismo duelo.

volví a oír nuestras canciones,
a probar nuestras comidas,
a mirar nuestras fotos.
aunque agridulces,
cada recuerdo encendía un destello de calor en mi alma,
una cercanía que yo mismo alejaba.

imagina la soledad
si dejara que los recuerdos partieran contigo.
pero no los solté.
los abrazo cerca de mí.
no me dicen que ya no estás,
me revelan que aún vives en mí.

el mundo a mi alrededor guarda un silencio extraño,
como un escenario tras caer el telón,
pero a veces, si me detengo y escucho,
tu voz se asoma entre todo,
una ternura que detiene mi caída en espiral,
arropándome en tres líneas simples:
*«estoy bien.*
*tú estás bien.*
*todo estará bien.»*

cuando dejaste este mundo,
no solo estabas ausente,
eras inexistente
por primera vez en mi vida,
extrañé algo más de lo que lo amaba

pero el anhelo por ti hizo más hondo nuestro amor
el dolor abrió en mi pecho un lugar
donde la ternura pudo enraizarse
el anhelo no redujo el amor,
mostró hasta dónde puede resistir,
y volvió tumbas en jardines

pero no todo fue alegría
extrañarte me llevaba a amarte más,
y amarte me hacía extrañarte más,
un vaivén sin fin donde mi corazón naufragaba,
llevado de un extremo a otro sin tregua
las fronteras entre ambos se borraron,
y ya no supe distinguir
si te amaba
o te extrañaba

la evolución de mi corazón
me dejó abrazando amor y anhelo a la vez.
melancolía y alegría compartieron el mismo espacio
y se hicieron cómplices en lugar de enemigos

por cada brisa helada,
me llegaba un soplo de calor
por cada tormenta,
un remanso de calma
por cada lágrima,
ya había una sonrisa esperándola

no tenía que encontrar una cura para mi anhelo,
solo tenía que encontrarle un sentido

tu ausencia es una marea en mi pecho,
no me hunde del todo,
pero siempre me arrastra hacia el fondo
no es solo tristeza lo que siento,
es mi corazón quebrándose por dentro

aunque ha pasado algo de tiempo desde tu partida,
mi corazón sigue perforado
con un hueco en la forma de tu nombre,
un cráter de cicatrices
que jamás desaparecerá

el tiempo ha ayudado un poco,
pero hace más remiendos que sanaciones
es una llanta pinchada reparada,
pero ya no confiable
es una mancha cubierta con maquillaje,
pero siempre visible para mí
es una represa que gotea,
tapada en vano con cinta,
escondiendo una inundación que tarde o temprano vendrá

icen que las estaciones giran
y que *el tiempo lo alivia todo*,
pero si fuera cierto,
¿por qué el invierno aún vive en mí?

quiero decir,
el dolor no me define,
pero habita en mí
el amor y el dolor coexisten de una forma extraña,
donde cuanto más profundo es el amor,
más permanente es la herida

pero quizá eso no sea tan malo
tal vez algunas heridas se niegan a sanar
porque sanar ahora
significaría borrar el amor que me trajo hasta aquí

el lazo que compartimos era demasiado brillante
para apagarse con la ausencia

pues aun de noche,
la luna roba la luz del sol
para encenderse en el cielo

incluso en la oscuridad,
una vela basta
para guiar tus próximos pasos

y hasta las sombras mismas
dependen de la luz
para existir en primer lugar

aunque la oscuridad permanezca,
hasta las noches más largas se inclinan hacia la mañana

«oye, no llores. todo está bien. sigo aquí. aunque no me veas, sigo a tu lado. sé que te invade la tristeza y la soledad, pero quiero que sepas que aún estoy contigo, solo de otra forma.

«te envié un cardenal el otro día y me susurró que estabas radiante. ¿viste la flor que hice brotar, fuera de estación, solo para ti? puse nuestra canción en la radio, esa que no sabías cantar, pero que igual tarareabas feliz. a veces entro en tus sueños, para recordarte lo cerca que sigo de ti.

«perdona que me haya ido tan pronto, pero me llamaban aquí arriba. no te dejé solo. Dios sabía que necesitabas otro tipo de consuelo. desde aquí velo por ti más de lo que jamás pude allá.

«no te entristezcas. quizás parezca lejos, pero el amor que compartimos nos mantiene unidos. el amor no muere con un adiós, solo aprende a vivir de otra forma.

«estoy orgulloso de en quién te has convertido. has mostrado fuerza frente a todo lo que intentó romperte. estás creciendo hacia tu mejor versión, aunque aún no lo veas. aguanta por mí. nunca estarás solo porque siempre estaré a tu lado. no me he ido lejos. solo me adelanté. eres increíble. no lo olvides.»

a quien decidió quedarse

hoy decido dejar ir

decido dejar ir el amor con condiciones
no soy un plan de repuesto
soy alguien digno de presencia
no volveré a pelear por quedarme
donde solo me reciben si sirvo

decido dejar ir la autoinculpación
no me toca
cargar con heridas que no son mías
no llevaré más vergüenza
que nunca fue mía

decido dejar ir lo que pudo ser
porque aferrarme a lo que *casi* fue
me impide abrazar lo que *es*
al soltar, libero mis manos
para acoger lo que de verdad está presente

decido dejar ir lo que me hunde
no confundiré más lo pesado con lo valioso,
porque la paz no es un lujo,
es un derecho

me perdono
por quedarme demasiado tiempo
en lugares que ya superé

durante mucho tiempo, estuve enfurecido con Dios y cuestioné todo sobre Él. nada salía como planeaba. la gente se alejaba o era arrancada de mi vida. el sufrimiento era implacable, la alegría inexistente. vivía en una niebla de confusión y desilusión, preguntándome por qué Dios derramaría tanto dolor en alguien a quien decía amar.

pero a pesar de todo lo que me decía que no lo hiciera, poco a poco comencé a poner mi fe en Él. no fue de la noche a la mañana, sino un soltar gradual de mi control. empecé a creer que podría haber una razón mayor detrás de mis luchas, incluso si aún no podía verla. planté semillas de fe en silencio y dejé que mis lágrimas las regaran.

cuanto más confiaba en Él, más me revelaba. quitó a las personas que me retenían de ser quien estaba destinado a ser. el dolor no era castigo; era preparación. a través del sufrimiento, fui moldeado y refinado, como metal en el fuego. las alegrías que me negó no eran rechazo, sino protección, porque sabía que podían llevarme a la caída.

soy quien soy por lo que soporté. mi dolor no me definirá porque esa autoridad la tiene Dios. el momento en que me rendí fue el momento en que recibí la paz por la que había orado durante años. todo lo que Él quería era mi confianza. una vez que le entregué mi fe, Él hizo lo que yo nunca pude hacer solo. su plan nunca fue sobre control. siempre fue sobre libertad. libertad nacida de la confianza en Él.

antes temía al rechazo
y a la tristeza que siempre lo seguía

me hacía sentir expuesto,
traicionado
e indigno
me cuestionaba
cada instante de cada día
pero con el tiempo,
aprendí a aceptar el rechazo
y sacarle provecho

el rechazo en verdad *es* redirección,
y todo lo que tuve que hacer
fue tomar un desvío
que me salvó de un callejón sin salida,
un camino que me permite crecer sin disculpas

y ahora camino con más firmeza,
cada *no* despejando espacio
para el *sí* que me pertenece

siempre me preguntaba por qué costaba tanto
amar como deseaba a quienes me rodeaban
el afecto sonaba impuesto,
la compasión, empañada
y la respuesta estuvo siempre en la fuente: yo mismo

¿cómo iba a amar a otros
si no me amaba a mí?
trataba de encender velas
con un fósforo sin llama
levantaba puentes
con maderas quebradas
era incapaz de amar a otros
porque ignoré el primer paso:
el amor
mi lucha nunca fue con ellos,
siempre fue conmigo
por eso inicié la labor diaria, consciente,
de renovarme y sanar por dentro

me alimenté de bondad,
como pan de cada día que nunca falta
me llené de paciencia,
aguas serenas calmando mi alma
me refresqué con perdón,
misericordias nuevas cada amanecer

cuando cuidé de mi corazón,
pude dar más a los demás
el amor dejó de sonar obligado
y empezó a brotar con naturalidad

por años pensé que el cuidado propio era egoísmo,
pero descubrí que es el acto más generoso
que puedo ofrecer a quienes me rodean
es el cimiento del amor hacia otros,
y lo que fueron muros
ahora se alzan como puertas abiertas de gracia,
dejando pasar la esperanza
por donde camino en libertad

el amor antes guardado en mí
ahora corre como ríos de agua viva

hoy soy más tranquilo,
más tierno,
y menos pesado
de lo que fui ayer

mi voz fue suave en vez de alzada,
di un paseo breve de diez minutos
para dejar que el aire fresco me tocara

todavía duele,
pero el dolor se siente más callado

mañana seré todavía más sereno,
todavía más alegre,
que lo que fui hoy

estos pasos diminutos hoy parecen nada,
pero son semillas de un porvenir estable,
raíces que me mantendrán en pie
en los mañanas que aún no llegan

el día que me di cuenta
de que ya no estaba roto
fue el día en que por fin exhalé
tras años de contener la respiración

fue el instante en que escapé
de la cárcel que mis propias manos habían levantado

fue la mañana en que entendí
que la llave que tanto perseguí
había descansado en mis manos todo el tiempo

el día que me di cuenta
de que ya no estaba roto
fue el momento en que regresé a casa
en el cuerpo que una vez intenté abandonar

*de ti, a ti*

aflojé mi agarre sobre las piezas
que ya no me pertenecían

cargué la culpa como un escudo
que se disfrazaba de justicia,
pero solo me dejó más expuesto

dejé que el miedo se metiera en cada decisión que tomaba,
susurrando la mentira
de que el silencio era seguridad

dejé que la ira me consumiera
y casi rompí a quienes
realmente se preocupaban por mí

enterré la culpa,
el miedo
y la ira,

y abrí un lugar nuevo
para el perdón,
la valentía
y la calma

aunque aún estoy creciendo,
honro mi progreso
y celebro lo lejos que he llegado

yo         nunca        supe         cómo         defenderme.
dejé       que          otros        hablaran     por
encima     de           mí,          acepté       culpas       que
no         eran         mías,        y            siempre      me
encogía    frente       a            la           confrontación.
pero       con          el           tiempo,      el           silencio     de
ser        ignorado     pesó         más          que          levantar
la         voz.         ahora,       sé           cómo         usar         mi       voz, dejé
de  disculparme  por  cosas  que  no  hice,  y  recibo  la
confrontación  como  si  mirara  en  un  espejo  sin  miedo.
estoy orgulloso de cuánto he crecido, porque si no me defiendo
yo, ¿quién lo hará?

la sanación no llegó como esperaba
no a través de revelaciones de cine,
epifanías grandiosas,
o resoluciones dramáticas,
sino en silencio,
camuflada en momentos ordinarios

apareció en el roce de mis pasos en la acera,
cuando el simple andar silenciaba mi mente
sin pedirme dirección alguna

llegó en el murmullo de la lluvia,
cuando cada golpe contra la ventana
representaba una flor bebiendo vida

llegó en el tintinear de tazas y cucharas,
cuando el calor del café viajaba de la taza
a mis dedos
y hasta mi alma

entonces no lo veía,
pero las cosas pequeñas se acumulaban
la constancia me mostró
que el avance no requiere rugido
la ternura tiene fuerza
es negarse a volverse amarga
pese a lo que quiso envenenarla

no la apresuré
no la forcé
dejé que la sanación existiera
y ella me permitió existir

(una mirada a mi corazón)

al falso amor: gracias.
tu ausencia me enseñó lo que realmente significa la presencia.
gracias a ti, sé la diferencia entre ser elegido y ser necesitado.
me permitiste crecer más fuerte al mostrarme que el amor
nunca debería sentirse como un juego de adivinanzas.

a la soledad: gracias.
en tu silencio empecé a escuchar cosas que había enterrado
bajo distracciones. contigo conocí partes de mí que había
descuidado por demasiado tiempo. me enseñaste cómo
prepararme para el amor cuando llegara en silencio.

a las palabras que cortan demasiado hondo: gracias.
la crítica detrás de tu voz me permitió encontrar la mía—más
suave, más amable y más fuerte. de tu crueldad aprendí el
poder de la bondad, especialmente en cómo me hablo a mí
mismo. convertí tu filo en ternura y tu veneno en medicina.

a la traición: gracias.
mientras tu deshonestidad destruyó la casa, reveló que estaba
construida sobre arena. despejaste todo lo que no necesitaba,
aunque doliera verlo irse. gracias a ti, encontré personas que
me recibieron con manos abiertas y corazones sinceros.

al abuso: gracias.
escapar de ti me enseñó el valor de la paz sin necesidad de
explicaciones. intentaste quitarme mi valor, convenciéndome
de que no era digno de amor ni de seguridad. pero en el vacío
que dejaste, construí un fundamento de ternura. me permitiste
encontrar compasión, por mí mismo y por quienes aún
aprenden que merecen ser libres.

mi terapeuta dijo,
*la sanación es un viaje, no un destino,*
y por fin lo entiendo.
antes estaba obsesionado con el destino.
pensaba que la idea era llegar lo más rápido posible,
apresurándome más allá de los atardeceres,
saltándome las risas.
pero una parada parecía un café a medianoche,
el café frío pero mis amigos aún cálidos de risa.
otra salida fue detenerme a mirar la lluvia,
dándome cuenta de que se me permitía descansar.
he aprendido que son las paradas y salidas en el camino
las que más importan,
y en algún punto entre ellas,
llegué.

mirando atrás,
no sé si alguna vez me sentí a salvo en mi propio cuerpo

desconocía el sabor del consuelo,
porque jamás me perteneció
toda mi vida,
crecí en un cuerpo que se sentía más como una zona de guerra
que como un santuario
era difícil para mi alma volver a casa
cuando ni siquiera sabía qué era un *hogar*

pero entonces, la seguridad comenzó a florecer
en los momentos más pequeños
puse límites,
introduje ternura en mi vida
y empecé a reparar lo que estaba roto
no lo sabía en ese momento,
pero poco a poco estaba construyendo un hogar
donde mi alma pudiera descansar

la primera vez que me sentí a salvo en mi propio cuerpo
fue un milagro callado
un sosiego habitaba mi pecho,
el silencio dejó de dar miedo
pude respirar hondo
sin encogerme,
pude mirarme al espejo
sin apartar la mirada
fue una exhalación inmensa
tras años de vivir sin aliento

el consuelo fue creciendo, despacio pero firme,
y al fin sentí que volvía a ser mío
no fue un instante aislado,
sino una cadena de momentos tiernos,
una marea de calma
que fue apaciguando mi inestabilidad

suavemente,
al fondo,
por fin me sentí seguro en mi propio cuerpo

por fin me pertenecía a mí mismo

un día, tomé una decisión que cambió mi vida:
empecé a juntar todas las disculpas que nunca recibí.

las recogí en silencio, una a una:
las de quienes nunca me amaron de verdad,
las de quienes solo estaban cuando les servía,
las de quienes llamaron amor al control,
las de quienes me dejaron cuando más los necesitaba.

dejé de pedir explicaciones.
dejé de perseguir un cierre.
junté cada *perdón* jamás pronunciado
y los apilé en un solo lugar.
luego hice lo que debí haber hecho hace mucho.

elegí las llamas sobre el silencio.

los incendié.
los vi consumirse.
los dejé atrás, en el pasado que les tocaba.
entre las cenizas hallé alivio:
nada que valiera la pena conservar seguía en pie.

porque esperar perdones que nunca vendrían
solo me ataba al ayer.
y el único que seguía sangrando de esas heridas
era yo.

así que acepté todos los perdones que jamás llegaron
y los perdoné,
hasta por aquellas veces
en que ni siquiera sentían culpa.

una parte de mi depresión era ira tragada de golpe, encerrada, sin voz. no toda era ira, pero gran parte era un fuego que me negaba a apagar.

sepulté mi rabia contra quienes me dejaron cuando más los necesitaba, contra la crueldad del mundo, contra el amor que se volvió herida, contra lo que *era* y no lo que *debía ser*. sobre todo, me dolía la forma en que el mundo nos enseñó a callar hasta desvanecernos.

con los años, la ira se endureció en tristeza, hasta dejarme vacío. pero un día decidí liberarla—no como volcán que destruye, sino como globo que exhala aire. dejé de fingir y permití al fin que la ira se fugara de mi pecho y de mi alma.

la depresión no desapareció, pero aflojó su agarre. cuando la ira se fue, la paz tuvo espacio para llegar, esperando debajo de todo lo que yo cargaba.

durante mucho tiempo,
mi hogar fue un jardín desbordado de arrepentimientos

las palabras calladas,
el tiempo malgastado,
el amor regalado a quienes nunca lo devolvieron,
las oportunidades que dejé pasar

estos arrepentimientos me hundían
y me perseguían a cada paso

al fin me cansé de ese peso,
y abrí un hueco en mi alma
para sepultarlo todo allí

entonces sembré semillas en su lugar,
y cada una brotó,
floreciendo en algo bello

quizá sean pequeñas,
quizá frágiles,
pero su hermosura no se reduce por ello

quizá sean pequeñas,
quizá frágiles,
pero su hermosura no se reduce por ello

| p | a | p | c | e | b |
|---|---|---|---|---|---|
| e | c | a | o | m | e |
| r | e | z | m | p | n |
| d | p |   | p | a | d |
| ó | t |   | a | t | i |
| n | a |   | s | í | c |
|   | c |   | i | a | i |
|   | i |   | ó |   | ó |
|   | ó |   | n |   | n |
|   | n |   |   |   |   |

solía buscar consuelo donde nunca lo hallaría.
buscaba paz en personas y rincones que me rozaban,
pero jamás lograban sostenerme.
no es que ellos fueran falsos,
pero si no me sentía en casa dentro de mí mismo,
¿cómo podía esperar sentirme a gusto con los demás?

así comencé a sacudir rincones,
abrir ventanas,
y dejar espacio a lo que hacía falta.
dejé atrás la vergüenza y poco a poco aprendí a quedarme.
me llené de orgullo y gratitud por todo lo que crecí
al hacer algo tan simple como regresar a casa en mí.

al fin soy el hogar que tantos años busqué,
ese lugar que creí inalcanzable.
he hecho mío un hogar del que no deseo partir.
aquí, las paredes no se estrechan.
me abrazan.

mi terapeuta me dijo:
*a veces hay que quebrarse para sanar,*
y ahora al fin lo comprendo.
las semillas se quiebran en la tierra para brotar.
las mariposas rompen su capullo para alzar vuelo.
la libertad nace cuando las cadenas se parten en pedazos.
tuve que quebrarme para volver a empezar.
aun mientras me partía,
no estaba destrozado.
ya era entero, de maneras que aún no alcanzaba a ver.

si mi corazón tuviera fotos de *antes* y *después*,
las diferencias serían notables.

*antes,*

era un co-
sombrío y exhausto.
errado a un resp-
resquebrajaba como
ierto de hierbas nacidas
borrado, como una foto
lida y perdiendo su
como si temiera en-
su compás. pesaba
útiles que ya no
había vuelto
tos invi-
jamás

razón dañado,
era áspero y frágil, af-
iro que jamás venía. se
un pavimento antiguo, cub-
del descuido. se había
abandonada al sol, pá-
forma. latía con recelo,
tregarle al mundo
con memorias in-
lo sostenían. se
helado tras tan-
ernos que
buscó

*después,*

late vivo,                    resplan-
dece y renace.          es vibrante, c-
omo vitrales que atrapan la luz de la mañana.
es tierno pero fuerte, como espuma que recuerda
la forma y sostiene cada carga. se cubre de flores
salvajes, testimonio de que la belleza tamb-
ién brota de las ruinas. late para celebrar
su propia vida. ya no teme romperse
porque sabe cómo reconstruir-
se. es completo, pues con
cada fragmento ap-
rendió el ar-
te de s-
anar.

| lo que dices: | lo que escucho: |
|---|---|
| *me encanta* | *el valor* |
| *cómo has aprendido* | *que hallaste* |
| *a habitarte* | *te queda bien* |
| | |
| *veo la felicidad* | *esta vez* |
| *en tu sonrisa* | *tu felicidad es real* |
| | |
| *tus ojos brillan* | *volviste a aprender* |
| *con nueva luz* | *a brillar* |
| | |
| *te ves* | *dejaste de pelear* |
| *en paz* | *contigo* |
| | |
| *me inspira* | *tu viaje* |
| *ver tu camino* | *valió cada huella* |

una charla entre mi mente y mi corazón:

mente:                                        corazón:

sanar es                                 *sanar es*
borrar el pasado.                        *reconciliarse.*

sanar es regresar                        *sanar es*
a la persona                             *nacer de nuevo*
que fui.                                 *en ti.*

no sano                                  *el dolor sigue,*
hasta que deje                           *pero ya no*
de doler.                                *te domina.*

quiero entender                          *sanar*
el pasado                                *no depende*
antes de sanar.                          *de entender.*

no sé cómo empezar a arreglarme.
*empiezas en el mismo lugar*
*que todos los demás.*

¿estamos sanando?
*sí. siempre lo estábamos.*

aunque compartamos ciertos sueños,
cada quien sigue su propio sendero
lo que más importa no es la ruta más rápida,
sino la que mejor encaje contigo,
porque la comparación solo retrasa tu llegada

no importa si alguien más toma la autopista,
mientras tú debas salir en tres desvíos,
cuando ambos caminos aún te llevan a casa

sin importar la ruta,
si el destino nos abraza de la misma manera,
entonces los pasos que demos deben ser nuestros,
cada zancada una firma escrita sobre la tierra

*«quizá si no fuera yo, realmente sería feliz»*

por años me hundí en mi propio desprecio
y en la comparación sin descanso
me volví una versión de mí
que nunca era suficiente
creía que todos a mi alrededor
poseían algo que me faltaba,
desde belleza, hasta confianza, hasta propósito

deformé la imagen de quien quería ser,
transformando todo a mi alrededor
en espejos de comparación
traté de mostrar alegría en redes,
pero me volví solo una fachada avergonzada
de mi *verdadero* yo

me harté de fingir ser otro
y decidí abrazar a quien soy de verdad

dejé de querer superar a los demás
y puse mi atención en superar al yo de ayer
porque crecer es más convertirse
que conquistar

hay gozo en aprender a amar
los rincones de ti que antes olvidaste
tu singularidad no es motivo de vergüenza
sino de orgullo
mereces ser celebrado
porque tú eres lo que te hace ser tú

*«tal vez, si no fueras tú,*
*no habrías podido llegar hasta aquí»*

el tiempo realmente sana

hay heridas que se cierran como cortes de papel,
silenciosas, invisibles,
y otras que se curan como huesos quebrados,
pidiendo reposo y paciencia

y aun así, el cuerpo sabe cómo recuperarse,
como hierba empujando entre el pavimento agrietado

la sanación lenta sigue siendo sanación,
y no hay nada malo en necesitar más tiempo

algunas heridas tardan el doble en cerrarse
de lo que tardaron en abrirse,
pero cuando sanan,
te sentirás dos veces más fuerte,
dos veces más vivo,
dos veces más *completo*,
más de lo que eras antes de quebrarte

me gusta todo lo que dicen del niño interior,
pero ¿qué pasa con mi yo de afuera?
el que redacta su vida en un currículum,
el que gira el volante hacia el mañana?

¿y qué de los sueños que quiero alcanzar,
los paisajes que deseo mirar,
y la persona en la que anhelo convertirme?

aunque es vital
no silenciar a tu niño interior,
también lo es
dar honor a tu yo de afuera

tu niño interior y tu yo de afuera
han de caminar tomados de la mano,
sostenerse en la sombra,
y festejarse en la luz

al fin y al cabo,
cuando caminan juntos,
ambos se levantarán
de formas que ninguno lograría en soledad

detente.
desacelera.
mira más de cerca.

las señales de aviso no existen para ser ignoradas,
porque son, literalmente, un anuncio de lo que vendrá
cubrirlas con pintura
no elimina el peligro que espera,
sino tu oportunidad de estar listo

es mejor enfrentar el problema ahora
que chocar con él más tarde,
y es mejor detenerse en la señal
que lamentar a dónde lleva

se pinta la sanación como un viaje etéreo, una obra fina sobre el lienzo. pero nadie menciona las manchas en las orillas, las huellas que se resisten a fundirse. sanar exige romperse mucho antes de poder volver a armarse.

sanar pide un trabajo invisible, un avance que no se siente como avance. exige levantarse aun cuando la mañana sea idéntica a la noche. te obliga a sentirlo todo, aunque pese demasiado. te susurra que el cambio sucede, incluso si todo parece lo mismo.

al sanar, te hundes en mañanas cubiertas de duelo y en noches desveladas. resistes correr de vuelta a lo que dolió por ser conocido. aprendes a soltar sin cierre, sin paz, sin confirmación. confías en tu propia voz, sobre todo cuando quiere callar.

me presionaban a sanar deprisa y sin ruido. querían ver una versión mía ya arreglada. festejaban mi recuperación, pero negaban mi realidad. pedían actualizaciones de progreso como si sanar siguiera una línea de tiempo, pero la sanación no debería venir con una fecha límite.

algunos días, sanar requiere todo tu esfuerzo solo para sobrevivir, y la supervivencia en sí *es* sanación. hay belleza en atravesar un día y poder decir, *sobreviví al día*. hay belleza en solo *respirar*. entrar. salir. y esa es la victoria más grande.

sí, aunque lo pinten hermoso, la mayoría de las veces sanar es áspero. los fragmentos hieren, los bordes son afilados, los colores se dispersan sin forma. pero cuando se juntan, como trozos rotos que hacen un vitral, quiebran la luz en fulgor. prueba de que hasta las grietas pueden encenderse.

muchas veces,
se piensa en el cierre como el último capítulo,
la ruptura clara,
la respuesta final para poder avanzar
pero la verdad es que,
cuando persigues cerrar cada cosa,
no corres hacia la meta,
solo corres sin moverte, como en una banda sin fin

el problema de buscar el cierre
es que no todos saben dártelo
hay quienes se van en silencio,
y otros que dejan cicatrices por donde sea
poner tu cierre en manos ajenas
es entregar las llaves de tu corazón,
¿y dejarías esas llaves
a quien pierde las suyas?

la paz no siempre llega con el fin de una historia
puede hallarse
al aprender a vivir con páginas sin terminar

el cierre no es el único camino hacia la paz;
de hecho, dejar de necesitarlo
es lo que abre espacio a la paz
a veces,
hay puertas que quedan abiertas no para regresar,
sino para recordarte los lugares que ya cruzaste

no todo lo que crece se ve igual

una semilla brota distinto
a un gatito, que crece distinto
a un niño en sus primeros pasos,
y sin embargo, la belleza de crecer
no les falta a ninguno

deja de medir tu vida con el calendario de otros
mejor encuentra consuelo en saber
que ambos siguen sanando, cada quien a su modo

recuerda,
incluso las flores que florecen en distintas estaciones
siguen buscando el mismo cielo

a veces, sanar moretea más hondo que la herida, apretando tus manos sobre heridas que preferirías cubrir. y está bien. sanar no empieza en la claridad, sino en la confusión. las heridas son inmediatas—súbitas, crudas, reactivas. pero la sanación es cautelosa—silenciosa, tímida, impredecible.

sanar pide más de nosotros de lo que creemos. nos pide reabrir la puerta a recuerdos que encerramos en el ático de nuestra mente. nos empuja fuera de lo que se siente cómodo, porque el dolor puede sentirse como hogar si hemos vivido en él el tiempo suficiente.

sanar no es lineal. no sigue un horario. no es un rompecabezas que encaje de inmediato. algunos días se sienten como progreso, otros como retroceso, y ambos son parte del camino. el caos no significa que estés cayendo. significa que eres humano.

algunas heridas nunca sanan por completo. dejan tejido cicatricial—más fuerte, pero sensible bajo cierta luz. no significa que estés roto o incapaz de sanar. significa que te has adaptado y eres capaz de crecer. significa que encontraste la forma de vivir *con* tus cicatrices, no a pesar de ellas.

lo más importante es seguir avanzando hacia la sanación, sin importar cuán pequeños sean los pasos. sanar puede no verse como lo imaginas, pero estará allí. un día mirarás atrás y dirás, *ni siquiera noté que estaba mejorando. y entonces me di cuenta: lo estaba.*

a ti

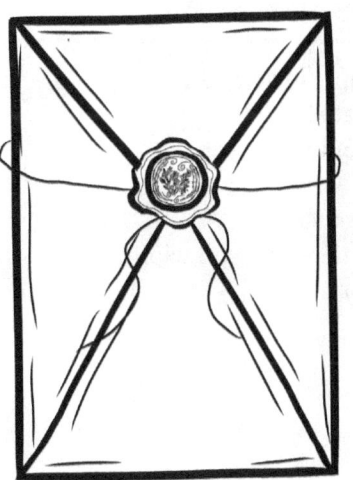

realmente creí que me sentiría mejor
si desaparecía en la oscuridad
pensaba que la vida sería más fácil para todos
sin mí,
pero alguien me dijo algo tan fuerte
que desde entonces no lo olvido:
*la autodestrucción no apaga el dolor,*
*solo se lo entrega a otro corazón*

puede que te sientas herido,
y lamento que sea así
tus emociones son válidas,
no necesitas sentirte culpable por ellas
pero quiero que sepas
que hay personas que se preocupan por ti,
que te aman,
aunque no siempre lo demuestren
no sabrán tus batallas
si no les dices cómo te sientes

quiero que sigas fuerte.
alguien aún contiene la respiración cada vez que sufres.
así que por favor,
respira,
por ellos,
y por ti
tú me importas,
y deseo que empieces
a importarte tú también

ya has llegado tan lejos,
¿por qué dejar que la turbulencia te hunda?
¿por qué dejar que tormentas pequeñas apaguen tu cielo?

recuerda cada sacrificio que ofreciste,
el fuego que te impulsó hasta aquí
recuerda tu primer paso,
cuando soñabas con pararte
justo en el lugar donde hoy estás

aunque la meta tarde en llegar,
o se vea distinta
de lo que parecía al comienzo,
sigue valiendo la pena cruzarla

los tropiezos no borran los pasos que te trajeron,
los tallan con un sentido más hondo

roto no significa feo,
pues incluso los crayones rotos
aún pueden crear elegantes obras maestras
¿entonces qué te impide hacer lo mismo?

no lo olvides,
tus colores siguen teniendo valor,
aunque no luzcan perfectos
al fin y al cabo,
hasta un crayón roto
se vuelve suave otra vez
con práctica,
con paciencia,
con el tiempo

«hola. soy yo. tu niño interior. he notado que últimamente te has estado reprimiendo. algo cambió en ti. la confianza que antes tenías se ha apagado. a veces yo, el niño, estoy más firme que tú. me rompe el corazón verte pasar por tu dolor y olvidarte de que existo.

«aun así, ¿recuerdas cuando nos sentábamos junto a la ventana con chocolate caliente, mirando la lluvia, soñando con el futuro? cuando solíamos soñar en grande con vencer miedos y perseguir metas? te detuviste en algún punto del camino. ¿cuándo se volvió el miedo más confiable que la fe? entiendo el dolor que cargas. yo también lo cargué. lamento que hayas pasado por eso, y si hubiera podido evitarlo, lo habría hecho.

«pero por favor vuelve a ti mismo. recuerda todas las veces que estuve orgulloso de nosotros por cuánto habíamos crecido. ¿recuerdas cómo esperábamos ser más grandes y sabios para enfrentar nuestros miedos? pues ahora eres más grande y más sabio.

«por favor vuelve a casa. he estado guardando tu lugar. no te pido que te conviertas en alguien nuevo. sé quien siempre hemos sido. nunca dejé de creer en nosotros. sigue creyendo en nosotros también. por favor háblame más. te extraño.

con cariño,
tú»

tus experiencias no deben ser borradas,
ni siquiera aquellas que escribieron sus cicatrices
en tus páginas,
porque hicieron de tu historia un testimonio

acepta tus experiencias por lo que son,
y suelta el peso de la culpa propia
tus experiencias son parte de tu historia,
un testimonio de lo que has superado,
prueba de que las batallas que creíste perder
fueron victorias desde siempre

te recuerdan
que eres más que tus heridas,
y que en sobrevivir no hay vergüenza

aferrarte al dolor no te restaura,
pero pasar la página sí.
la fuerza es reescribir tu historia,
sin permitir que tu primer borrador te encierre

oye. está bien. tú estás bien. todo estará bien. sé que las cosas pesan ahora, pero no siempre será así.

la vida ha sido dura para ti. tus sentimientos son válidos. has luchado batallas invisibles, llorado lágrimas silenciosas, cargado con el peso de la soledad más veces de las que puedes contar. recuerda: invisible no significa irreal.

has llegado muy lejos, aunque no lo veas. sé orgulloso de cómo has perseverado. las cosas pueden y *van* a cambiar. no estás solo; no tienes que cargarlo todo. vales más de lo que piensas. eres humano, y eso te hace invaluable.

habrá mañanas en que el sol parezca haber salido solo para ti, cielos lavados limpios después de la tormenta. vendrán días duros, pero los días de esperanza los superarán. días donde la belleza se quede, la alegría regrese y la paz descanse contigo. si hay algo con lo que quiero dejarte es esto: el dolor que has sentido no se compara con la alegría que viene.

la próxima vez que mires tu reflejo
y solo veas lo que falla, recuerda:
también suplica que mires lo hermoso

*¿esa cicatriz que ocultas?*
*yo la veo como señal de que enfrentaste tormentas*
*y aún así venciste*

*¿las líneas bajo tus ojos?*
*son párrafos escritos*
*con cada risa,*
*cada lágrima,*
*cada instante que resististe*

*¿esas manchas en tu piel que escondes con vergüenza?*
*para mí son una constelación propia*
*que te vuelve irrepetible*

*tal vez apartes la vista cada vez que me encuentras,*
*pero cuando yo te miro,*
*me cautiva tu belleza tan natural.*
*lo que tú más odias de ti*
*es lo que yo más amo*

*tus ojos han visto tu mundo caer y levantarse,*
*y hay una admiración que nace de esa sabiduría*
*siempre estuviste lleno de vida,*
*y nunca dejé de ver la luz en tus ojos,*
*ni siquiera cuando tú la perdiste*

la próxima vez que enfrentes tu reflejo, no te apartes.
refleja la luz que siempre ha estado allí,
esperando a que tú también la veas.

antes de seguir leyendo,
quiero que detengas un momento
todos tus pensamientos.

a. sostén. uno. dos. tres. e

l x

a h

h a

n l

i a.

siente cómo tu pecho sube.
siente cómo desciende.
siente lo vivo que estás en este instante.
y deja que tu aliento cargue estas preguntas:

¿cuándo fue la última vez,
si acaso existió,
que te dejaste ser suficiente
sin tener que demostrarlo?
¿y qué significaría
empezar por fin ahora?

no temas llorar.
es tu cuerpo recordándote que estás vivo.
al fin y al cabo,
fue lo primero que hiciste
cuando llegaste a este mundo.

tal vez lloraste
después de un desgarro del alma,
tu corazón como un puente quebrado bajo exceso de peso.

tus lágrimas no fueron exceso.
eran ríos desbordados nutriendo tierra nueva,
nacidos de las tormentas que venciste.

llorar no es fragilidad.
la fuerza es decir que no estás bien.
es la prueba de estar vivo.

no te avergüences de llorar.
cada lágrima que dejas caer
es señal de que tu alma aún sabe purificarse.

por cada *esto pudo haber sido mucho mejor*
hay un *esto pudo haber sido mucho peor*

la noche que apaga las estrellas
todavía te regala la luna

si te quedas viviendo en lo que pudo ser,
dejarás pasar la belleza de lo que ya *es*

i. al que tiene miedo de los monstruos debajo de su cama:
no tienes que tener miedo. la oscuridad no siempre será
aterradora. las sombras no son enemigas, solo formas
esperando la luz. tu imaginación y sensibilidad no te hacen
débil; te hacen resiliente. estás a salvo, y cada noche crecerás
más valiente. admiro tu corazón tierno. por favor nunca
pierdas tu inocencia.

ii. al que tiene miedo de los monstruos en su escuela:
un día, los monstruos dejaron las sombras y empezaron a
merodear por los pasillos. no tienes que cargar con ese miedo
solo. veo el silencio que te obligaron a guardar y las batallas de
las que no le hablaste a nadie. tu valor no está definido por lo
que digan los demás. tu valor quedó fijado en el momento en
que entraste en este mundo. sin importar cuán solo te sientas,
nunca estás solo. admiro tu resistencia. por favor nunca
pierdas tu persistencia.

iii. al que tiene miedo de los monstruos dentro de sí mismo:
al final, los monstruos más ruidosos no estaban afuera, sino
dentro. no tienes que temerte a ti mismo. sé que pasaste años
luchando con quién eres. tu corazón no es un campo de batalla.
es un jardín aprendiendo qué raíces guardar. sé amable
contigo. encuentra paz de la misma forma en que la diste a
otros. celebra tu crecimiento, incluso cuando parezca invisible.
admiro tu valentía en la vulnerabilidad. por favor nunca
pierdas tu confianza.

iv. al que ya no teme a ningún monstruo:
llegó el día en que los monstruos desaparecieron por completo.
estoy orgulloso de que ya no sientas miedo. llevas contigo cada
versión de mí, y todas te dan las gracias. ya no hay monstruos.
solo recuerdos, y ninguno te posee. eres prueba viva de que al
final sobrevivimos, nos suavizamos y volamos alto. eres el
sueño por el que pasé toda mi vida orando. admiro tu fuerza
suavizada por la compasión. por favor nunca pierdas tu
templanza.

con cariño,
*tú*

necesito que hagas una cosa.
deja de intentar huir de mañana.
quédate aquí.

*tic*–en esta frase.
*tac*–en esta pausa.
*tic*–en este instante.
*tac*–y ahora, escucha.

*tic*–
te detienes demasiado en lo que no puedes reparar, en lo que
no puedes prever. rehaces lo que no admite reescritura.
aprietas lo que nunca debió estar en tus manos.
–*tac*.

*tic*–
no todo sigue el plan, pero eso no te hace un fracaso. te hace
humano. hay cosas que se rompen solo para encajar de otra
manera.
–*tac*.

*tic*–
deja de adelantar tu vida al mañana. vendrá con su propio
peso, no lo cargues antes de tiempo. confía en que tendrás
suficiente fuerza para enfrentar el mañana cuando llegue.
–*tac*.

*tic*–
casi todo está fuera de tu control, ¿para qué perder tu paz en
ello? mejor fija tu mirada en lo que está frente a ti. aquí. ahora.
–*tac*.

puede parecer el final,
el silencio tras la última hoja caída,
pero así como el invierno abre paso a la primavera,
puede que sea el comienzo de la renovación

creíste que no podrías lograrlo,
y sin embargo aquí estás,
leyendo estas palabras.
por más veces que la vida te tumbó,
siempre te sacudiste y volviste a ponerte de pie.
hasta tus noches más oscuras cedieron al amanecer,
y aunque todo parecía empeorar,
al final siempre mejoró.
puede que sientas que no tienes fuerza suficiente.
puede que sientas que todo seguirá amontonándose,
que nada cambiará.
pero quiero que sepas: eres fuerte.
eres vista,
eres reconocida,
y eres amada.
me importas.
de verdad me importas.
por favor, empieza a importarte tú mismo también.

mi amor.
no lo perdiste.
la pérdida real te vacía por completo.
¿pero esto?

esto fue como un pájaro aprendiendo a volar
después de una vida en una jaula.
te dio lo que necesitabas:
una oportunidad de encontrarte contigo mismo otra vez.

no puedes obtener un título universitario
en un solo semestre

no puedes enseñar a tus dedos
una sinfonía de la noche a la mañana

no puedes mantener conversaciones profundas
en un idioma que acabas de conocer

y no puedes reescribir tu historia
en solo un capítulo

quizá te preguntes por qué te toca pasar por esto,
y cuánto más durará,
quizá sientas que la vida es como señales de camino
en lengua extraña,
pero te prometo que algún día
todo esto tendrá sentido

sé que es más fácil decirlo que vivirlo,
pero deja que las semillas trabajen bajo la tierra
todas tus respuestas
ya vienen de camino a casa

sanar no es derribar,
es renovar.
a veces querrás prenderle fuego a todo
cuando sientas que te has roto,
pero la restauración no exige volver a empezar.
puedes iniciar desde donde estás
y caminar hacia tu renovación.

puedes comenzar quitando el papel de las paredes,
dejando atrás lo que ya no te viste,
y honrando lo que alguna vez fue hogar.

puedes cambiar las ventanas quebradas
para volver a ver el mundo claro,
dejando entrar la luz después de tantas sombras.

puedes reforzar tu cimiento,
abrazando lo que quedó firme en la tormenta,
y redescubrir quién has sido siempre.

puedes volver habitable tu hogar,
llenarlo de calor,
de color
y de consuelo,
celebrando la vida que *vives*,
y no solo la supervivencia.

tu hogar nunca estuvo vacío.
solo aguardaba tu regreso.
ojalá dejes caer los fósforos que sostienes
y los cambies por las herramientas que te cuiden
mientras lo restauras.
una vez fuiste entero,
y volverás a serlo.

pasaste la vida entera
poniendo los deseos ajenos
por encima de los tuyos,
y aunque hoy dudes
al elegirte a ti por primera vez,

será como soltar los nudos
que te ataron por tantos años
será una decisión
de la que jamás te arrepientas

                                                        el
                                                        sol


                                                r
                                       z        a
                                  u         z
                              l              n      o
                              u              a      d
sigue atrayendo flores a s                v      n
sigue pintando el cielo de color al a     u
sigue marcando el pulso de todo el m


el modo en que viaja                              e
del día a la noche                           t
quizá no asombre a los demás,          n
pero sigue importando para ti      e
                                        i

ya sea rápido o lento,          c
seguro o dudoso,            i
severo o suave,         f
estás sanando,      u
y eso es más que s

te equivocaste.
¿y qué?
¿acaso se acabó el mundo?
¿fue tu primer error?
¿será el último?
por supuesto que no.
ya ocurrió.
ya terminó.
y sigues aquí.

todos tropiezan,
hasta quienes juran no caer jamás.
la verdad es simple:
nadie es perfecto,
¿entonces por qué fingir que lo eres?
los errores son inicios de caminos,
¿y dejarás que tus elecciones te anclen
o te enciendan?

lo que más amamos nunca llegó perfecto.
se forjó entre desvíos,
borradores torpes,
y más caídas que pasos firmes.
no son tus errores los que te definen,
sino la forma en que los dejas tallarte,
haciendo de ti alguien que solo la herida pudo moldear.

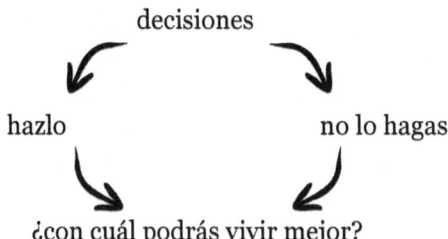

«hola. soy yo. me pediste que volviera a casa, así que aquí
estoy. lo siento. por no hablar antes. por no aparecer más. por
no dejarte reír tan fuerte como querías. por dejarte solo
cuando necesitabas brazos para llorar. siempre dije que habías
desaparecido para siempre, pero la verdad es que siempre
estuviste aquí. yo simplemente nunca lo noté.

«pero incluso a través de mi silencio, resististe. no tendría la
resiliencia, la creatividad ni la esperanza que tengo sin ti. sé
que no lo he demostrado, pero estoy orgulloso de tu valentía.
estoy orgulloso de tu risa. estoy orgulloso de tu capacidad de
soñar. sobre todo, estoy orgulloso de ti.

«ya no te abandonaré. de ahora en adelante, haré que te
sientas visto. te dejaré reír tan fuerte como quieras. seré el
hombro en el que llores. hemos pasado por tanto juntos, mano
con mano, incluso cuando yo no apretaba de vuelta.

te prometo estar aquí para ti, como tú siempre lo estuviste para
mí. tú nunca me dejaste, y hoy yo elijo quedarme.


finalmente,
tú»

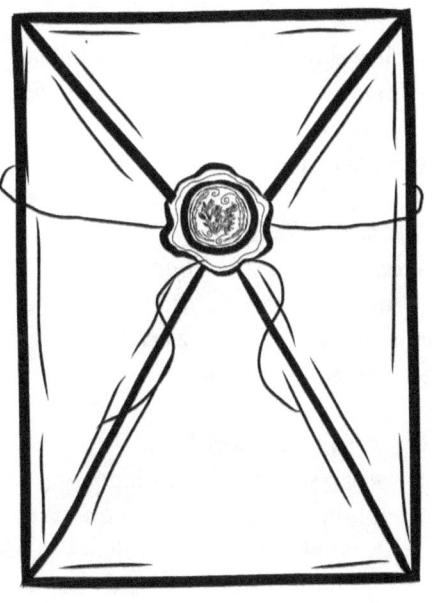

## agradecimientos

a Dios, mi Creador
eres el hilo constante que ha tejido cada etapa de mi vida. aun
cuando dudé del camino, Tú seguiste fiel, levantándome en los
momentos en que no podía sostenerme. cada página de este
libro da testimonio de Tu gracia.

a Daisy, mi otra mitad
le diste a mi mente el impulso que necesitaba cuando mi
corazón ya no creía en sí mismo. tu amor me transformó en
alguien que jamás imaginé ser. yo no sería quien soy sin tu
amor. gracias por ser tú.

a Shelby, mi editora
me ayudaste a encontrar una voz que solo contigo podía surgir.
tu guía transformó palabras sueltas en algo íntegro y lleno de
significado, y tu aliento fue una luz en cada paso de mi
escritura. este viaje no existiría sin ti.

a Karen, Katie y Kris, mis lectoras beta
gracias por ofrecer no solo su tiempo, sino también sus
corazones a este libro. su sinceridad y confianza en estos
poemas los hicieron más vulnerables y llenos de vida. cada una
me llevó a mirar mi obra desde ángulos distintos, y esta
colección existe más completa gracias a ustedes.

a ti, mi compañero de viaje
gracias por abrir estas páginas y permitirme compartir un
pedazo de mi alma contigo. si al menos una línea tocó tu
corazón, este libro cumplió su propósito. deseo que cargues
estas palabras contigo, como yo las cargué al escribirlas.

¡conéctate conmigo!

: tonycpoetry

: tonycpoetry

: tonycpoetry.com

si algo en estas páginas se sintió pesado, doloroso o te dejó buscando apoyo, no estás solo. aquí encontrarás personas con quienes hablar, lugares a los que acudir y líneas que siempre están abiertas para ti.

**salud mental y apoyo en crisis**
988 Suicide & Crisis Lifeline (EE. UU.):
llama o envía un mensaje de texto al 988 — disponible 24/7
988lifeline.org

Líneas internacionales de ayuda:
encuentra apoyo por país en:
findahelpline.com

**abuso y violencia doméstica**
Línea Nacional contra la Violencia Doméstica:
llama al 1-800-799-SAFE (7233) o envía START al 88788
thehotline.org

**duelo y pérdida**
The Dougy Center — para niños, adolescentes y familias
dougy.org

sea lo que sientas — por favor, recuerda que es válido.
sea lo que cargues — espero que encuentres descanso.
llegaste al final de este libro, y eso significa algo.
cuídate. el mundo brilla más cuando tú estás en él.
— tony